国际冰球联合会百年历程
发展与成就

何依蔓　欧欣蓉　王　敏　编著

北京体育大学出版社

策划编辑：郝　彤

责任编辑：郝　彤

责任校对：李光源

版式设计：联众恒创

图书在版编目（CIP）数据

国际冰球联合会百年历程：发展与成就 / 何依蔓,
欧欣蓉, 王敏编著. -- 北京：北京体育大学出版社,
2025.6. -- ISBN 978-7-5644-4272-9

Ⅰ. G862.392

中国国家版本馆CIP数据核字第202573Y23N号w

国际冰球联合会百年历程：发展与成就　　　　何依蔓　欧欣蓉　王　敏　编著
GUOJI BINGQIU LIANHEHUI BAINIAN LICHENG : FAZHAN YU CHENGJIU

出版发行：北京体育大学出版社
地　　址：北京市海淀区农大南路 1 号院 2 号楼 2 层办公 B-212
邮　　编：100084
网　　址：http://cbs.bsu.edu.cn
发 行 部：010-62989320
邮 购 部：北京体育大学出版社读者服务部 010-62989432
印　　刷：三河市龙大印装有限公司
开　　本：710mm×1000mm　　1/16
成品尺寸：170mm×240mm
印　　张：10
字　　数：175 千字
版　　次：2025 年 6 月第 1 版
印　　次：2025 年 6 月第 1 次印刷
定　　价：50.00 元

前言

继 2008 年北京奥运会之后，我国在 2022 年又成功举办了冬奥会和冬残奥会，北京也成了世界上唯一一座既举办过夏季奥运会又举办过冬季奥运会的"双奥之城"。

我国举办北京冬奥会、冬残奥会同我国实现"两个一百年"的奋斗目标和社会主义现代化体育强国的建设目标高度契合。党的二十大报告中明确提出，促进群众体育和竞技体育全面发展，加快建设体育强国。我国不仅要坚持推动体育事业全面、均衡、高质量发展，还要积极参与国际体育事务，为世界体育事业发展贡献中国力量。参与国际体育治理是我国建设体育强国的重要内容，《体育强国建设纲要》中提到，要构建体育对外交往新格局，提升中国体育国际影响力。

随着我国综合国力和国际地位日益提升，国际社会对我国的期望有所增加，全球体育治理体系的改革亟需我国做出回应，然而，我们在国际体育事务治理中的影响力和话语权仍略显不足。究其原因，其中之一在于我国人才在国际体育组织中的任职不够，甚至对于一些国际体育组织的了解和认识不足。

2016 年，国家体育总局等 23 部门联合制定了《群众冬季运动推广普及计划（2016—2020 年）》；国家发展改革委、国家体育总局、教育部、国家旅游局联合研究制定了《冰雪运动发展规划（2016—2025 年）》等文件，促进了我国冰雪运动的发展。本书将国际冰球联合会作为研究对象，系统地介绍了国际冰球联合会的相关内容，不仅包括国际冰球联合会概览、国际冰球联合会组织架构、国际冰球联合会赛事、女子冰球运动的发展、国际冰球联合会反兴奋剂行动、国际冰球联合会的可持续发展、国际冰球联合会普及和推动冰球运动的发展等内容，而且还收录了国际冰球运动名人轶事、国际冰球运动竞赛规则等内容。本书深入浅出地介绍了国际冰球联合会的总体概况和具体工作，既为读者了解国际冰球联合会打开了一扇窗，也为我国冰球运动的发展提供了宝贵的参考资料。

作为国内第一本专门介绍国际冰球联合会的书籍，本书几乎涵盖了国际冰球联合会所有的内容，共分为十一章和三个附录，主要参考国际冰球联合会、各项赛事等官方网站，具有权威性和前沿性；同时，所选材料和每章结构具有多样性、知识性和趣味性。本书旨在弥补我国在国际体育组织丛书方面的空缺，希望能从以下方面进行补充：第一，系统详实地介绍国际冰球联合会，使读者对其形成系统、全面的了解；第二，激发读者对国际体育组织的广泛兴趣和深入思考，扩大全球视野，培养体育人文情怀和爱国情怀，促进我国人才在国际体育组织中的任职，提升我国的国际话语权，为体育强国建设添砖加瓦；第三，加深读者对中国冰球协会和中国冰球运动发展的认识，了解我国冰球运动发展的历史和现状，更好地思考我国冰球运动的未来发展。

我国正处在体育强国建设和冰雪运动发展的黄金期，亟需提升在国际体育治理体系中的参与度。我们希望紧跟国家和社会的需求，紧跟冰雪运动发展的大潮，助力我国培养更多国际体育人才，为我国参与国际体育治理、建设体育强国贡献绵薄之力。

本书适合社会各界人士，包括但不限于广大学生、教练员、裁判员、体育系统工作者、国际体育组织爱好者，等等。

编者在编写本书的过程中得到了中国冰球协会的大力支持，在此表示衷心的感谢。本书难免有不完善之处，敬请广大读者批评指正。

编者

2023 年 7 月 10 日

目录

第一章 国际冰球联合会概览 [①]

国际冰球联合会（International Ice Hockey Federation，IIHF，以下简称"国际冰联"）于 1908 年 5 月 15 日成立于法国巴黎，现总部位于瑞士苏黎世，是管理冰球和轮滑球运动的国际体育组织。截至 2025 年，国际冰联一共有 84 个成员协会，这些成员协会分别负责本国或本地区的冰球发展事务。

一、国际冰联的使命和任务

（一）国际冰联的使命 [②]

（1）管理、发展和推广全球的冰球运动。

（2）发展和管理国际冰球和轮滑球运动。

（3）推动和发展各成员协会之间的友好关系。

（4）通过良好的组织、管理和运作，确保冰球运动良性发展。

（二）国际冰联的任务

国际冰联按照章程、细则和规章制度，对冰球和轮滑球具有明确的管辖权，

---

① IIHF. The IIHF: the world governing body[EB/OL]. (2020-05-04)[2021-01-08]. https://www.iihf.com/en/statichub/4682/who-we-are.

② IIHF. IIHF mission and role[EB/OL]. (2020-05-08)[2021-01-08]. https://www.iihf.com/en/static/5009/mission.

并负责安排与所有国际冰联比赛有关的赞助、授权、广告及商品销售事宜。除此之外，国际冰联旨在推动年轻运动员、教练员和比赛官员的发展，负责国际冰球运动员转会等事宜。

国际冰联也负责管理冬季奥林匹克运动会（以下简称"冬奥会"）的冰球比赛及各个级别的世界冰球锦标赛（以下简称"冰球世锦赛"），包括 U20 男子冰球世锦赛、U18 男子冰球世锦赛和 U18 女子冰球世锦赛等赛事，其中冰球世锦赛由国际冰联和举办国 / 地区组委会共同管理。此外，国际冰联还举办多个欧洲俱乐部赛事，如欧洲冰球锦标赛和欧洲大陆冰球联赛等。

国际冰联的组织架构包括立法机构，即国际冰联大会，以及行政机构，即国际冰联执行委员会。国际冰联大会有权以国际冰联的名义对比赛规则、章程和规章制度作出裁决。国际冰联大会同时负责选举国际冰联主席、副主席和执行委员会成员。国际冰联主席是整个国际冰联的代表，在所有外部事务中代表国际冰联的利益，并负责根据国际冰联的章程、细则和规章制度作出决策。

二、国际冰联的发展史[1][2]

（一）冰球运动的起源

冰球运动的起源可以追溯到 19 世纪。早在 1800 年前后，加拿大东部新斯科舍省男校国王学院的学生就开始在池塘的冰面上使用木质球杆进行游戏，这一冰上游戏最终演变为现在的冰球运动。1873 年，来自加拿大蒙特利尔的杰姆斯·乔治·艾尔温·克赖顿（James George Aylwin Creighton）制定了非正式规则，他被称作冰球运动之父。1875 年，在他的帮助下，蒙特利尔的维多利亚冰场组织了历史上第一场冰球比赛。

1877 年 1 月 31 日，加拿大麦吉尔大学（McGill University）成立了第一支有组织的冰球队，同年，《蒙特利尔公报》发布了第一部由曲棍球规则改编而来的

---

① IIHF. 1908—1913[EB/OL]. (2020-05-08)[2021-01-08]. https://www.iihf.com/en/statichub/4857/1908-1913.

② IIHF. 1934—1945[EB/OL]. (2020-05-08)[2021-01-08]. https://www.iihf.com/en/static/5113/timeline-epochs.

冰球规则。

1897 年，加拿大冰球冠军乔治·马尔（George Meagher）携带冰球装备前往巴黎，在冰宫俱乐部（Palais de Glace Club）与来自英国伦敦和格拉斯哥的班迪俱乐部（bandy clubs，班迪是另一种形式的冰球运动）进行了一系列友谊赛。人们普遍认为乔治·马尔是将冰球运动传入欧洲的第一人。

早期的冰球比赛

1908 年 5 月 15—16 日，应法国记者路易斯·马格努斯（Louis Magnus）的邀请，来自法国、英国、比利时和瑞士 4 个国家的冰球运动代表官员在巴黎举行了会议。经过深入讨论，他们成立了国际冰联的前身——国际冰球联盟（Ligue Internationale de Hockey sur Glace，LIHG），并推选路易斯·马格努斯为主席，路易斯·普兰克（Louis Planque）为秘书长。俄罗斯和德国的代表也收到了邀请，但没有出席。法国、波希米亚、英国、瑞士和比利时成了国际冰球联盟最早的成员。1908 年 11 月 3—5 日，国际冰球联盟在德国柏林举办了第一次有组织的比赛，之后德国成为国际冰球联盟的第 6 个正式成员。

1909 年 1 月 22—25 日，国际冰球联盟第二次大会在法国夏蒙尼举行。在此次大会上，国际冰球联盟发布了比赛规则，并决定从 1910 年开始组织一年一度的欧洲冰球锦标赛。在召开大会的同时，国际冰球联盟在夏蒙尼举办了国际城市冰球锦标赛，来自伦敦的冰球队在此次比赛中获得冠军。

1910 年 1 月 10—12 日，国际冰球联盟在瑞士冬季度假胜地雷萨凡举办了首届欧洲冰球锦标赛，当时有 4 支官方球队参赛，分别是英国队、德国队、比利时队和瑞士队，还有一支非官方球队参赛——牛津加拿大人队（Oxford Canadiens），这是一支由在英国牛津学习的加拿大人组成的球队。自此，国际冰球联盟开始定期举办欧洲冰球锦标赛，仅在第一次世界大战期间有所中断。1930 年，欧洲冰球锦标赛开始与世界冰球锦标赛联合举办。1912—1914 年，除了欧洲冰球锦标赛，每年还会举办一场由各国代表队参加的国际冰球联盟锦标赛，但这项比赛并没有得到重视。

1910 年 1 月 9 日，即首届欧洲冰球锦标赛开赛的前一天，各成员国的代表在瑞士蒙特勒举行了国际冰球联盟第三次大会。在大会上，马格努斯再次当选主席，路易斯·普兰克再次当选秘书长。

1914 年，第一次世界大战爆发。在战争期间，国际冰球联盟暂停了所有的体育活动和行政活动，欧洲冰球锦标赛也因此被迫中断。第一次世界大战后，国际奥林匹克委员会（International Olympic Committee，IOC，以下简称"国际奥委会"）将德国和奥地利从冬奥会中除名。1920 年，国际冰球联盟也按照这一决定将上述两国从联盟比赛活动中除名，同时，波希米亚的成员身份转移至新成立的捷克斯洛伐克①。

国际冰球联盟在欧洲大陆发展冰球运动的同时，北美冰球运动也在迅速崛起。北美职业冰球联盟（National Hockey League，NHL）于 1917 年应运而生，成员由蒙特利尔加拿大人队（Montreal Canadiens）、多伦多枫叶队（Toronto Arenas）、渥太华参议员队（Ottawa Senators）和蒙特利尔漫游者队（Montreal Wanderers）4 支球队组成。然而，当时欧洲和北美冰球运动是在相对孤立的环境下发展的，其间并没有任何交集，这样的状态一直持续到 1920 年。

1920 年 4 月 23—29 日，比利时安特卫普举办了奥林匹克运动会。虽然是夏季奥运会，但是当时的比赛项目中也加入了冰球比赛。来自北美（加拿大和美国）的冰球运动员第一次和欧洲各国的冰球运动员同场竞技。虽然当时加拿大和美国还不是国际冰球联盟的成员，但他们在比赛中迅速展现出了各自的实力，最终加

---

① IIHF. 1914—1933[EB/OL].(2020-05-08)[2021-01-10]. https://www.iihf.com/en/statichub/4856/1914-1933.

拿大队夺得冠军。1920 年 4 月 26 日，在冬奥会冰球比赛期间，国际冰球联盟举行大会，正式接纳加拿大和美国为新成员。自此，国际冰球联盟成员协会开始扩展到欧洲以外的地区。

1923—1924 年，罗马尼亚、西班牙和意大利加入国际冰球联盟；1924 年，曾经被除名的奥地利重新成为国际冰球联盟的成员，直到1926年德国才恢复成员身份。

20 世纪 30 年代，国际冰球联盟的规模不断扩大，荷兰、挪威、南斯拉夫、拉脱维亚、爱沙尼亚、立陶宛等先后加入了国际冰球联盟。1930 年，日本成为第一个加入国际冰球联盟的亚洲国家，并且从一加入就选派了一支由医学生组成的冰球队参加冰球世锦赛。1937 年，国际冰球联盟还接纳了第一个来自非洲的成员——南非。

随着国际冰球联盟规模的不断扩大，冰球运动不断普及，举办的冰球比赛也日益增多，国际冰球联盟也在不断改进冰球规则和比赛相关规定。例如，在 20 世纪 30 年代以前，只有冬奥会的冰球比赛会在人工冰场上举办，其他一些冰球比赛通常在结冰的湖面上举办。1930 年，在法国夏蒙尼举办的冰球世锦赛上，由于湖面的冰开始融化，最后几场比赛只能临时改在德国柏林和奥地利维也纳的体育馆举办；同时国际冰球联盟决定，今后国际冰球锦标赛的主办权只授予拥有人工冰场的国家。

在结冰的湖面上进行冰球比赛

1923 年，国际冰球联盟发布规则手册，规定场上选手数量为 5 名运动员和 1 名守门员，每场比赛分为 3 小节，每小节 15 分钟。比赛场地扩大到 80 米 ×40 米。1936 年，国际冰球联盟规定了冰球场上的 3 个区域，选手必须带球从一个区域进入另一个区域，不能先于冰球跨线；同时比赛场地从 80 米 ×40 米缩小到 60 米 ×30 米。

1933 年，国际冰球联盟在捷克斯洛伐克首都布拉格召开大会，回顾成立 25 年以来的发展历程。在此期间，国际冰球联盟共组织了 18 次欧洲锦标赛、6 次世锦赛和 4 次冬奥会冰球比赛；共举行了 20 次联盟代表大会，并通过各项相关决议，为冰球运动的普及和发展铺平了道路。

1939 年，第二次世界大战的爆发再次中断了大规模的冰球比赛。1946 年 4 月 27 日，第二次世界大战结束一年后，国际冰球联盟的成员代表第一次在布鲁塞尔召开会议。日本和德国被驱逐出国际冰球联盟；爱沙尼亚、拉脱维亚和立陶宛的成员身份宣布到期。之前奥地利由于在战争期间附属于德国，于 1939 年被国际冰球联盟除名，在这次会议中，奥地利重新获得官方承认，恢复了成员身份，丹麦成为国际冰球联盟的新成员[1]。

1947 年 2 月，捷克斯洛伐克首都布拉格成为第二次世界大战以来的首届冰球世锦赛举办地，由于战争而沉寂多年的冰球竞技场再次开放。尽管以往的冠军加拿大队没有参加这届比赛，但观众异常热情，赛事也取得了巨大的成功[2]。

第二次世界大战之后，菲里茨·克拉斯（Fritz Kraatz）于 1946—1947 年担任国际冰球联盟主席，在任职期满之后担任了国际冰球联盟的副主席，并于 1951 年再次当选国际冰球联盟主席。菲里茨·克拉斯在续任期间（1951—1954 年）为世界冰球运动的发展做出了卓越的贡献，其中最重要的事件，即重新接纳曾经被除名的德国和日本，及将新成立的苏联冰球协会纳入成员。苏联虽然在此前的一段时期内并未加入国际冰球联盟，甚至很少参与国际性的冰球比赛，但是他们一直在默默努力，早已具备跻身世界冰球强国的水平。1954 年，苏联在瑞典斯德哥尔摩的冰球世锦赛中首次正式亮相，一举夺得冠军，甚至一度取代了加拿大的垄断地位。

---

① IIHF. 1934—1945[EB/OL].(2020-05-08)[2021-01-10]. https://www.iihf.com/en/statichub/4836/1934-1945.

② IIHF. 1946—1956[EB/OL].(2020-05-08)[2021-01-10]. https://www.iihf.com/en/statichub/4837/1946-1956.

在克拉斯之后继任的是来自美国的沃尔特·布朗（Walter Brown），这也是国际冰球联盟有史以来第一次将主席的职位授予冰上运动职业经理人。沃尔特·布朗上任之后，将国际冰球联盟的法语名称改成了英文名称"International Ice Hockey Federation，IIHF"。自此，国际冰球联盟正式改名为国际冰球联合会。

回顾国际冰球联合会的发展史，1954—1963年这十年可谓是战后的巩固期。在此期间，国际冰球运动虽然受到了一些政治事件的干扰，但是总体呈稳定的发展态势。1960—1964年，国际冰联开始向亚洲地区扩展：朝鲜和韩国纷纷加入国际冰联，保加利亚作为欧洲国家也加入了国际冰联①。

1965年，鉴于欧洲杯足球比赛和手球比赛大获成功，在芬兰坦佩雷召开的国际冰联大会上，德国代表冈瑟·萨贝茨基（Günther Sabetzki）提出，让国际冰联也举办一届欧洲杯冰球比赛，这项提议一举获得了多数赞成票。然而，由于国际冰联在组织上遇到了一些困难，以及欧洲各国的冰球运动水平参差不齐，欧洲杯冰球比赛没有取得成功。

这段时期，国际冰球比赛只对业余运动员开放，因此北美职业冰球联盟的职业运动员既不能参加世界冰球锦标赛，也不能参加冬奥会的冰球比赛。当时，不同国家对"业余运动员"的定义也不同：苏联国家队运动员在西方国家看来都是职业运动员，而加拿大最顶尖的冰球运动员不是业余运动员而不能参赛，导致加拿大在国际大赛上多次输给苏联。由于在这方面存在分歧，加拿大于1970年退出国际冰联，不再参加冬奥会冰球比赛和冰球世锦赛，本来计划在加拿大举办的1970年冰球世锦赛也因此改在瑞典举办。

不过，本着追求卓越的体育精神，加拿大仍旧希望以最强阵容与苏联一较高下，而苏联也想与加拿大最顶尖的运动员比赛，互相学习，互相吸取经验。1972年，经国际冰联、加拿大业余冰球协会（Canadian Amateur Hockey Association，CAHA）协调组织，允许加拿大派出职业运动员与苏联进行总共8场系列赛，这8场比赛被称为巅峰大赛，也被称为"加拿大—苏联系列赛"。值得一提的是，这场巅峰大赛恰逢冷战最激烈的时期，因此这场巅峰大赛激发了双方强烈的爱国情绪。

---

① IIHF. 1957—1974[EB/OL].(2020-05-08)[2021-01-10]. https://www.iihf.com/en/statichub/4838/1957-1974.

巅峰大赛的前 4 场比赛在加拿大举办，后 4 场比赛在莫斯科举办。苏联出其不意地以 7∶3 赢得了首场比赛，让加拿大队和大多数加拿大媒体大吃一惊。两周后，后 4 场比赛在莫斯科拉开帷幕。在胶着的比赛中，加拿大队于最后一场比赛战胜了苏联队，取得了戏剧性的胜利。

1975 年，冈瑟·萨贝茨基当选为新一任的国际冰联主席。近二十年的"萨贝茨基时代"，不仅持续时间长，而且是冰球运动在各个方面取得长足进步的时期。萨贝茨基作为国际冰联主席作出的第一个成功的举动就是让加拿大重返国际冰联大家庭。经过与北美职业冰球联盟协商，国际冰联最终同意，让美国和加拿大从斯坦利杯中淘汰的北美职业冰球联盟球队中选择合适的冰球运动员参加冰球世锦赛，美国和加拿大应定期参加冰球世锦赛，并放弃冰球世锦赛的举办权[①]。

作为补偿，国际冰联每四年在北美举办一次"加拿大杯"冰球比赛，加拿大、美国和在世锦赛中脱颖而出的欧洲四强都会参加这个比赛，比赛时允许北美职业冰球联盟职业运动员上场。1976—1991 年，国际冰联一共举办了 5 次"加拿大杯"冰球比赛，这个传统一直持续到 1996 年，国际冰联推出"世界杯"，取代了"加拿大杯"，在赛事组织上也进行了细微的调整，允许各国派优秀的运动员（包括职业运动员）参加比赛。冰球世界杯比赛依照北美职业冰球联盟的竞赛规则。目前以不定期的方式举办了 3 次，分别为 1996 年、2004 年和 2016 年。

20 世纪 90 年代，国际冰球运动得到了快速的发展，共有 18 个国家 / 地区加入了国际冰联。

比赛中的冰球运动员

随着国际冰球运动的持续发展，国际冰联逐渐把视野放宽，开始关注青少年和女子冰球运动的发展。1990 年国际冰联于加拿大渥太华首次举办世界女子冰球锦标赛，又分别在 1992 年、1994 年和 1997 年再次举办该赛事。此后世界女子冰球锦标赛作为常规赛，在非奥运年份每年举办一届。

① IIHF. 1975—1989[EB/OL]. (2020-05-08)[2021-01-10]. https://www.iihf.com/en/statichub/4830/1975-1989.

1977 年，国际冰联首次推出世界 U20 冰球锦标赛，并将其打造成了正式的年度比赛，这进一步推动了冰球运动的普及。随着世界 U20 冰球锦标赛的人气大幅提升。特别是在加拿大，每场比赛的看台只有容纳超过 19 000 名狂热的球迷才能满足球迷的观赛需求，国际冰联决定每两年在加拿大举办一次世界 U20 冰球锦标赛。

1998 年日本长野冬奥会期间，国际冰联批准北美职业冰球联盟的运动员参加冬奥会，这一举动大大提升了冬奥会冰球比赛的水平。由于具有北美职业冰球联盟的深厚基础，加拿大队在随后的 5 届冬奥会中 3 次勇夺金牌，巩固了"冰球王国"的地位，特别是在 2010 年温哥华冬奥会上，加拿大队在加时赛以 3：2 绝杀美国队的比赛，堪称冬奥会冰球决赛的经典一役。在 1998 年长野冬奥会上，女子冰球被列为冬奥会的正式比赛项目。

2002 年，国际冰联的总部从法国巴黎迁至瑞士苏黎世。

2004 年，国际冰联创立了国际冰联世界排名，通过复杂的评分标准计算各成员国家 / 地区球队的排名，每四年计算一次，反映各个国家冰球运动的水平和对冰球运动的重视程度。

2008 年，国际冰联在加拿大举办的冰球世锦赛上举办了世界冰球百年庆祝活动。这是一场赏心悦目的冰球盛宴，期间还公布了百年全明星队阵容，其中包括来自俄罗斯的守门员弗拉季斯拉夫·特列季亚克（Vladislav Tretiak）、瑞典的后卫鲍耶·萨拉明（Borje Salming）和俄罗斯的后卫斯拉瓦·费季索夫（Slava Fetisov）、加拿大的前锋韦恩·格雷茨基（Wayne Gretzky）、俄罗斯的前锋瓦列里·哈拉莫夫（Valeri Kharlamov）和谢尔盖·马卡罗夫（Sergei Makarov）。百年全明星队第一次有女子运动员入选，3 位获此殊荣的女子运动员是加拿大的安吉拉·詹姆斯（Angela James）和杰拉尔丁·希尼（Geraldine Heaney），以及美国的坎米·格拉纳托（Cammi Granato）。

继 2008 年举办世界冰球百年庆祝活动之后，另一场庆祝活动举世瞩目，即 2010 年温哥华冬奥会期间举办的"三冠王俱乐部"庆典。"三冠王"是指同时获得冬奥会冰球比赛金牌、冰球世锦赛金牌及北美职业冰球联盟斯坦利杯的冰球运动员和教练员。据统计，自 1893 年以来，共有 9000 多名运动员争夺斯坦利杯；自 1920 年以来，共有 4000 多名运动员争夺冬奥会冰球比赛金牌；自 1930 年以来，共有超过 15 000 名运动员争夺冰球世锦赛金牌。截至 2019 年，只有 29 名运动员同时获得了这 3 项殊荣，分别来自加拿大（11 名）、瑞典（9 名）、俄罗斯（7 名）和捷克（2 名）。2010 年举办的首届"三冠王俱乐部"庆典为当时赢得"三冠王"称号的 22 名运动员举办了纪念活动①。

自 2009 年以来，国际冰联大家庭还在不断壮大。截至 2018 年，国际冰联成员协会数量增至 76 个；截至 2025 年，成员协会数量增至 84 个，其中有些成员协会作为独立国家成功地举办了冰球世锦赛，包括拉脱维亚（2006 年）、斯洛伐克（2011 年）、白俄罗斯（2014 年）和丹麦（2018 年）。

三、新时代的国际冰联

新时代来临，国际冰联意识到想要更大程度地普及冰球运动，需要从全球信息化的角度出发，提供全面及时的赛事信息和冰球普及信息，这样才能吸引更多的人参与进来。

国际冰联提供一系列数字化服务，包括出版物，如《国际冰球联合会指导和记录手册》（以下简称"《手册》"）和时事通信双月刊《冰上时间》（*Ice Times*），国际冰联官方网站、赛季总结报告、国际冰球联合会年度报告等，通过其他一系列社交网络平台发布相关消息和视频，覆盖了时下流行的国外社交媒体等平台。

（一）《国际冰球联合会指导和记录手册》②

《手册》既有纸质版也有电子版，可供全世界的球迷阅读。《手册》中记录了国际冰联每个成员每年参加的各种冰球赛事，不仅包括冬奥会冰球比赛和冰球世锦赛，而且包括各个级别的小型赛事；不仅包括现有的成员数据，而且包括已解体国家 / 地区的数据，如南斯拉夫、苏联等。《手册》记录了自 1920 年冰球运动盛行以来，每名参加过顶级赛事的现役或退役运动员姓名（哪怕他们只是在某一届比赛中露过一次脸），总共囊括大约 14 000 名冰球运动员；过往的每项赛

---

① IIHF. Triple gold club[EB/OL].(2020-04-20)[2021-01-11]. https://www.iihf.com/en/static/5315/triple-gold-club.

② IIHF. IIHF record book[EB/OL].(2020-04-20)[2021-01-11]. https://www.iihf.com/en/static/6158/guide-record-book.

事中的每名教练员和执裁人员姓名；冬奥会冰球比赛、男子和女子冰球世锦赛、男子 U20 世锦赛、男子和女子 U18 世锦赛、1972 年加拿大和苏联的巅峰大赛、1976—1991 年的"加拿大杯"冰球比赛，以及 1996—2016 年的世界杯冰球比赛的赛况。《手册》就像一本冰球大全，给读者们展现了一个跨越历史的冰球运动全景。

（二）《冰上时间》

《冰上时间》是国际冰联的官方新闻通信，每两个月出版一期，既包括全球冰球比赛的新闻、数据、图片和结果，也会介绍国际冰联内部运作情况和重大新闻。

（三）国际冰联官方网站[①]

国际冰联官方网站除了发布国际冰联的官方新闻、会议、项目、赛事和通知等，还有一个专门的奥林匹克平台，包括男子和女子冰球世锦赛的统计数据、照片和新闻报道。该网站不断更新比赛日程、第一手新闻和运动员采访等，获得了大量球迷的关注。例如，2018 年在丹麦举办冰球世锦赛期间，比赛页面访问量超过 1500 万次，如此高的访问量很大程度上得益于国际冰联与时俱进的数字化服务。登录国际冰联官网的球迷们不仅可以观看过往的赛事集锦，还可以使用先进的运动员和冰球追踪技术来提高分析比赛的能力。

此外，国际冰联充分利用社交网络平台进行冰球活动的推广和普及。在信息化时代，社交网络扮演了越来越重要的角色。冰球比赛和名人堂仪式都有了电视和网络现场直播，使得人们关注国际冰球比赛变得简单。

（四）国际冰球联合会年度报告[②]

国际冰联每年秋季都会发布当年赛季的年度报告，报告中集结了重大赛事信息、国际冰联大会的会议纪要及各种独家照片，为全世界冰球爱好者提供了一站式索引。国际冰球联合会年度报告既有电子版也有纸质版，电子版在国际冰联的官网上可以免费下载。

[①]　IIHF. IIHF home[EB/OL].(2020-03-01)[2021-01-13]. https://www.iihf.com/en/home.

[②]　IIHF. Annual report[EB/OL].(2020-03-18)[2021-01-13]. https://www.iihf.com/en/statichub/4823/annual-report.

国际冰球联合会年度报告包括每届冰球世锦赛、冬奥会、亚洲冰球挑战杯和大陆杯等赛事的完整比赛结果和排名，100多张当前赛季各个级别比赛的全彩照片，国际冰联执委会成员、成员协会、供应商和合作伙伴的信息，国际冰联大会、国际冰联各委员会和冰球名人堂的诸多报告等。对于关注冰球运动的读者来说，该报告是跟踪每年冰球大事记的最佳工具。

第二章　国际冰球联合会组织架构 [1]

一、国际冰球联合会议

（一）国际冰联大会

国际冰联大会是国际冰联的最高立法机构，负责制定比赛的规则和章程。国际冰联大会由所有国家/地区冰球协会的代表参加，负责选举主席和执行委员会。

国际冰联大会每四年举行一次，第一届国际冰联大会于1975年举行。在此之前，国际冰联在年度大会上选举产生主席和执行委员会，通常与冰球世锦赛同时进行。国际冰联大会由国际冰联办公室与主办国家/地区的冰球协会共同组织举行。

国际冰联办公室会在会议召开前两个月将所有常规大会的通知与议程一起发布。相关文件将在大会召开前至少一个月发布。

以下是历年国际冰联大会的举办地。

（1）1975年，瑞士格施塔德。

（2）1978年，意大利西尔米奥内。

（3）1982年，法国尼斯。

（4）1986年，美国科罗拉多斯普林斯。

（5）1990年，意大利圣文森特。

---

① IIHF. Organization[EB/OL].(2020-06-28)[2021-01-15]. https://www.iihf.com/en/statichub/4685/organization.

（6）1994 年，意大利威尼斯。

（7）1998 年，瑞士洛桑。

（8）2003 年，西班牙马贝拉。

（9）2008 年，加拿大蒙特利尔。

（10）2012 年，日本东京。

（11）2016 年，俄罗斯莫斯科。

（二）国际冰联年度大会

国际冰联年度大会每年在国际冰联冰球世锦赛期间举行，或在国际冰联大会召开时举行，由国际冰联办公室与国家/地区冰球协会联合举行。

国际冰联办公室会将国际冰联年度大会的通知在会议召开前两个月与议程一起发布，相关文件将在会议召开前至少一个月发布。

（三）国际冰联半年会

国际冰联半年会在每年的秋季召开，由国际冰联办公室与国家冰球协会联合举办。通知和议程的发布情况同国际冰联大会和国际冰联年度大会相同，在此不再赘述。

（四）国际冰联特别代表大会

国际冰联特别代表大会在会议召开通知发布后的 3 个月内举行。国际冰联特别代表大会的召开需要满足一定的条件，即当占成员协会总数 1/3 的成员协会要求召开国际冰联特别代表大会时，会议才会召开。大会议程的项目也应限于国际冰联特别代表大会指定的项目。

二、国际冰联组织架构

（一）国际冰联执行委员会

国际冰联执行委员会是国际冰联的执行机构，负责选举主席、3 名副主席和 9 名执委会成员，任期 4 年。秘书长是国际冰联执行委员会无表决权的成员。

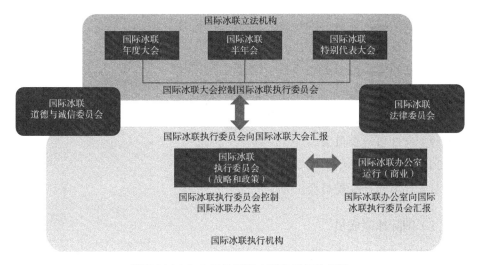

截至 2021 年 9 月的国际冰联组织架构情况

（二）国际冰联委员会

目前，国际冰联拥有 19 个委员会和 2 个工作小组，每个委员会都拥有主席和秘书，以及来自不同国家的工作人员，具体名称如下。

（1）亚洲委员会。

（2）运动员委员会。

（3）竞赛与协调委员会。

（4）训练委员会。

（5）纪律委员会。

（6）比赛与评估委员会。

（7）道德与诚信委员会。

（8）财务委员会。

（9）历史委员会。

（10）国际冰联治理改革小组。

（11）宪法和法律委员会。

（12）医疗委员会。

（13）裁判委员会。

（14）运动员安全委员会。

（15）电视委员会。

（16）新媒体委员会。

（17）销售委员会。

（18）青年与青少年发展委员会。

（19）女性事务委员会。

（20）设施工作小组。

（21）环境与社会委员会。

（三）国际冰联成员 [①]

国际冰联成员共分为 3 类。

第一类是国际冰联正式成员。正式成员拥有自己独立的冰球协会，该协会与冬季项目联合会分开运行，每年参加国际冰联冰球世锦赛。只有正式成员拥有国际冰联大会投票权。

第二类是国际冰联准成员。准成员有的是没有完全独立的国家协会，有的是拥有独立的国家协会，但只能在有限的范围内参加国际冰联冰球世锦赛。

第三类是国际冰联附属成员。附属成员只拥有参加国际冰联单排轮滑球世锦赛的资格。

截至 2025 年，国际冰联共有 84 个成员协会，其中包括 60 个正式成员，23 个准成员和 1 个附属成员。阿尔及利亚、哥伦比亚、伊朗、黎巴嫩、乌兹别克斯坦都是在 2019 年 9 月新加入的成员，突尼斯是 2021 年 9 月新加入的成员。国际冰联成员名单详见附录二。

---

① IIHF. Members of the national association[EB/OL].(2020-01-11)[2021-01-28]. https://www.iihf.com/en/associations.

第三章　国际冰球联合会赛事 [①]

一、冰球世锦赛

冰球世锦赛是由国际冰联组织的年度冰球比赛，这也是冰球项目最引人瞩目的年度赛事。非特别说明，本书所述冰球世锦赛为男子冰球世锦赛。

（一）冰球世锦赛的历史

国际冰联于1908年成立。1910年1月，国际冰联在瑞士首次举办了欧洲冰球锦标赛，该比赛是后来冰球世锦赛的前身。这是第一次面向国家队开展的正式比赛，参赛国家包括英国、德国、比利时和瑞士。欧洲冰球锦标赛连续举办了五年，但由于第一次世界大战爆发，比赛在1915—1920年停办。与此同时，北美职业冰球仍在继续发展，1917年，全球最大的职业冰球联盟——北美职业冰球联盟成立。

1920年，冰球比赛首次正式亮相冬奥会，这一年的冰球比赛也被公认为是第一届冰球世锦赛。1920—1968年，在冬奥会上进行的冰球比赛被认为是当年的冰球世锦赛。

1930年，作为一项单项赛事，国际冰联正式举办了第一届冰球世锦赛，共有12支球队参加。1931年的冰球世锦赛共有10支球队参加。当时的比赛设置了资格赛，经过循环赛和决赛两个环节，最终根据球队在决赛中的排名颁发奖牌。

---

① IIHF.Contest[EB/OL].(2021-01-14)[2021-01-30]. https://www.iihf.com/en/tournaments?tournamentType=WM18&selectedSeason=2025&tournamentCategory=worlds.

1951 年的冰球世锦赛共有 13 支球队参加，比赛分成两组进行。排名前 7 的球队（A 组）参加冰球世锦赛决赛；其他 6 支球队（B 组）仅排名，不进入决赛。这一比赛形式一直沿用到了 1992 年，其间也进行了微调。1990 年，国际冰联决定引入季后赛制度。

由于参与冰球世锦赛的球队数量不断增加，球队分组（即后来大家所熟知的分级）也逐渐增加。现在世锦赛的分组为：顶级组 16 支球队、甲级组 12 支球队、乙级组 12 支球队。如果球队数量超过 40 支，超出的球队则归入丙级组。参加世锦赛顶级组的球队首先要进行预赛，排名前 8 的球队参加季后赛、决赛，顶级组决赛获胜的球队获得世界冠军。

多年来，冰球世锦赛的比赛规则经历了几番调整，如 1969 年，规则规定冰场的 3 个区域都可以进行身体冲撞；20 世纪 70 年代早期，规则规定必须佩戴头盔和守门员面罩；1992 年，加入了点球规则等。

当时，国际冰联的比赛规则与北美职业冰球联盟使用的规则略有不同，如 1920—1976 年冰球世锦赛只允许"业余运动员"参赛。当时，来自北美职业冰球联盟及高级小联盟球队的运动员不允许参加冰球世锦赛。1970 年，国际冰联取消了只允许少数职业运动员参赛的规定。1977 年，国际冰联开始允许职业运动员参加冰球世锦赛。目前，国际冰联规定，参赛运动员是其所代表国家的公民，运动员也可以转换国家队，只需代表新的国家比赛一段时间即可。

在冰球世锦赛的历史上，最具实力的两支球队分别来自加拿大和苏联。加拿大队是冰球世锦赛第一支具有主导地位的球队。1930—1952 年，加拿大共赢得了 12 次冠军。美国、捷克斯洛伐克、瑞典、英国和瑞士在此期间也极具竞争力，但都无法撼动加拿大的主导地位。1954 年，苏联首次参赛，很快便成为加拿大的强大竞争对手。1963—1991 年，苏联队一直占据着这项运动的统治地位，共获得了 20 次冠军。在此期间，只有加拿大、捷克斯洛伐克和瑞典 3 个国家获得过世锦赛的奖牌。

1992 年，俄罗斯首次参赛；1993 年，捷克和斯洛伐克也分别参加了比赛。21 世纪初，随着"6 大强国"（加拿大、捷克、芬兰、俄罗斯、瑞典、美国）球队参赛，比赛变得更加激烈。

由于冰球世锦赛举办期间恰逢北美职业冰球联盟斯坦利杯季后赛的后期，许多北美职业冰球联盟的顶级运动员无法代表其国家参加冰球世锦赛，或者只有被北美职业冰球联盟球队淘汰后才能参加冰球世锦赛。北美（尤其是美国）的冰球队曾因此并不重视冰球世锦赛，经常派出由北美职业冰球联盟年轻运动员和大学生运动员组成的球队参加比赛，即使顶级运动员能够参赛也不派他们参加，因此广受批评。

2015 年，冰球世锦赛在捷克布拉格和俄斯特拉发举办，这是迄今为止观众总出席率最高的一届世锦赛：共有 74 万余名观众观看比赛，平均每场比赛观看人数约为 12 000 人。

（二）冰球世锦赛的发展

1. 1920—1928 年：冬奥会时代

1920 年，冰球运动首次出现在冬奥会的赛场上，这届冬奥会的冰球比赛也被人们称为历史上第一届冰球世锦赛。比赛于 1920 年 4 月 23—29 日举办，共有加拿大、捷克斯洛伐克、美国、瑞士、瑞典、法国和比利时 7 个国家的球队参加。最终，由温尼伯猎鹰队（Winnipeg Falcons）成员组成的加拿大队以 27∶1 击败了对手，赢得了金牌。美国队和捷克斯洛伐克队分别获得银牌和铜牌。

随后，每届冬奥会中的冰球比赛都算作冰球世锦赛。加拿大队在 1924 年和 1928 年的冬奥会上获得了金牌。1928 年，瑞典队和瑞士队分别获得了银牌和铜牌；而德国队首次参赛就获得第 9 名。

2. 1930—1953 年：加拿大冰球的黄金时代

1930 年，国际冰联正式举办了第一届冰球世锦赛。举办地包括法国夏蒙尼、奥地利维也纳和德国柏林。在本届冰球世锦赛上，由多伦多 CCMs 队成员组成的加拿大队在决赛中击败德国队获得金牌，瑞士队获得铜牌。1931 年，由加拿大马尼托巴省大学生组成的加拿大队再次获得冰球世锦赛的金牌。1932 年冬奥会上，加拿大队再次斩获金牌。1933 年，在捷克斯洛伐克布拉格举办的冰球世锦赛上，美国队获得了金牌，第一次打破了加拿大在冰球世锦赛上的垄断地位。

20 世纪 30 年代，在除了冰球世锦赛以外的其余冰球比赛中，加拿大队一直稳居第一。受到第二次世界大战的影响，1940 年、1944 年的冬奥会和 1941—1946 年的冰球世锦赛被迫取消。

第二次世界大战后，捷克斯洛伐克队异军突起，赢得了 1947 年冰球世锦赛的冠军，但加拿大队并没有参加这一届冰球世锦赛。1948 年冬奥会在瑞士圣莫里茨举办，此前发生了一些小插曲：两个美国冰球协会，即美国冰球协会（American Hockey Association, AHA）和业余体育联合会（Amateur Athletic Union, AAU）发生了冲突。业余体育联合会拒绝支持美国冰球协会的球队参赛，认为美国冰球协会的运动员拿"公家薪水"，不应参赛，因为当时的冬奥会是仅限业余运动员参赛的。最后，二者达成共识，允许美国冰球协会的球队参加比赛，但是非正式参赛，即他们将无法获得奖牌。当比赛结束时，美国冰球协会球队在积分榜上排名第四。捷克斯洛伐克队和由加拿大皇家空军队（RCAF Flyers）成员组成的加拿大队赢得了 7 场比赛的胜利，最终加拿大队获得金牌。

1952 年，在挪威奥斯陆冬奥会上，由埃德蒙顿水星队（Edmonton Mercurys）成员组成的加拿大队为加拿大赢得了第二枚冬奥会金牌，这是加拿大队获得的第 15 个世锦赛冠军，也是该时期加拿大队最后一次赢得冬奥会冰球比赛的金牌。1953 年，在冰球世锦赛上，上届冠军加拿大队并未参赛，而捷克斯洛伐克队也退出了比赛，只有瑞典、德意志联邦共和国、瑞士参加了最后的决赛。瑞典队以一场不败的战绩，获得了他们的第一个世界冠军。

3. 1954—1962 年：加拿大和苏联抗衡的时代

1954 年的冰球世锦赛被国际冰联誉为"现代国际冰球时代的开端"，这届比赛，苏联首次参加了国际冰球比赛。苏联曾经开展过类似冰球的运动，名为班迪球，后来才开始组织冰球比赛。在教练员阿尔卡迪·切尔尼谢夫（Arkady Chernyshev）的带领下，苏联队在本次冰球世锦赛上获得了前 6 场比赛的胜利。由东部约克林德赫斯特队（East York Lyndhursts）成员组成的加拿大队也取得了不俗的成绩。在决赛中，苏联队最终以 7∶2 赢得比赛，成为第 5 支获得冰球世锦赛冠军的球队。

1955 年，冰球世锦赛在德意志联邦共和国举办，加拿大队和苏联队再次在决赛中相遇。由彭蒂克顿 Vees 队（Penticton Vees）成员组成的加拿大队最终以 5∶0 击败苏联队，夺回世界冠军。1956 年在意大利科尔蒂纳丹佩佐举办的冬奥会上，由基奇纳 - 滑铁卢荷兰人队（Kitchener-Waterloo Dutchmen）成员组成的加拿大队输给了苏联队和美国队，获得铜牌。苏联队继续取得不败战绩，赢得了他们的第一枚冬奥会冰球比赛金牌。

1957 年，冰球世锦赛在苏联莫斯科举办，加拿大队和美国队没有参赛。当时，大多数比赛在卢日尼基体育馆举办，但苏联官员决定，将决赛挪到了体育馆附近的一个室外足球场进行。在这场比赛中，瑞典队战胜了苏联队，获得金牌。本场比赛至少有 55 000 名观众观看了比赛，这项纪录一直保持到了 2010 年的冰球世锦赛才被打破。

1958 年，加拿大队重返冰球世锦赛并成功夺冠，苏联队夺银。

1960 年，在加拿大斯阔谷举办的冬奥会上，苏联队、捷克斯洛伐克队、瑞典队成为夺冠热门球队。但最终美国队赢得了 7 场比赛的胜利，获得了他们的第一枚冬奥会冰球比赛金牌。

冰球队庆祝胜利

1961 年，捷克斯洛伐克队击败苏联队，并与加拿大队打成平手，这届比赛成了一场三方争夺金牌的比赛。在最后一场比赛中，加拿大队以 5∶1 击败苏联队，赢得了他们的第 19 枚冰球世锦赛的金牌。

1962 年，冰球世锦赛首次来到北美，在美国丹佛举办，但却遭到苏联队和捷克斯洛伐克队的抵制。瑞典队在比赛中首次击败加拿大队，获得了他们的第三枚冰球世锦赛金牌。

4. 1963—1976 年：苏联冰球的黄金时代

1963 年，在斯德哥尔摩冰球世锦赛上，苏联队获得了金牌，并开启了连续 9 届获得冰球世锦赛金牌之旅。1964 年，在奥地利因斯布鲁克冬奥会上，加拿大队第一次与冬奥会冰球奖牌失之交臂。与此同时，苏联队赢得了所有 7 场比赛的胜利，并获得金牌。

在之后的十年里，苏联队完全占据了冰球运动的主导地位。1963—1967 年，苏联队在冬奥会和冰球世锦赛的比赛中连续四年保持不败。在 1968 年冬奥会上，捷克斯洛伐克队打破了苏联队的连胜纪录。这一年也是冬奥会冰球比赛作为冰球世锦赛的最后一年。

1969 年，在苏联队和捷克斯洛伐克队之间进行的一场比赛可谓是"国际冰球史上最令人动容的比赛"。比赛主办权最初授予了捷克斯洛伐克，但在 1968 年 8 月，捷克斯洛伐克遭到苏联入侵，被迫放弃了主办权。比赛后来在瑞典斯德哥尔摩举办，伴随着紧张的国际局势，捷克斯洛伐克队决心在比赛中战胜苏联队。尽管捷克斯洛伐克队以 2∶0 和 4∶3 赢得了两场与苏联队的比赛，夺回了属于自己的荣誉，但最终还是输给了瑞典队，只获得了铜牌。

随后，在 1970 年、1971 年的冰球世锦赛和 1972 年的冬奥会冰球比赛中苏联队均获得了金牌。

1972 年，冬奥会冰球比赛和冰球世锦赛第一次作为两项独立赛事在同年举办。在捷克斯洛伐克布拉格举办的冰球世锦赛上，捷克斯洛伐克队再次打破了苏联队的连胜态势，并赢得了自 1949 年以来的第一枚冰球世锦赛金牌。此后，苏联队迅速找回了状态，赢得了 1973 年和 1974 年的冰球世锦赛冠军。然而，在 1974 年的冰球世锦赛中，捷克斯洛伐克队以 7∶2 击败了苏联队，这也是苏联队在国际比赛中输分最多的一次。

1976 年，冰球世锦赛在波兰卡托维兹举办。在揭幕战上波兰队以 6∶4 击败了苏联队。这是国际冰球史上最大的冷门之一，因为在两个月前举办的冬奥会上，波兰队以 1∶16 输给了苏联队。随后，苏联队又继续输掉了两场比赛，最终获得了银牌，捷克斯洛伐克队则获得了金牌。波兰队获得第 7 名，被降级到 B 组（现称为甲级）。

5. 1976—1987 年：公开比赛时代

1975 年，萨贝茨基当选为国际冰联主席，并决定将冰球世锦赛推迟到北美职业冰球联盟赛季后期举办，这样一来，不参与北美职业冰球联盟季后赛的运动员就有机会参加冰球世锦赛。然而，由于北美职业冰球联盟不愿意在赛季中期休息，以及受国际奥委会的相关政策影响，北美职业冰球联盟运动员仍不被允许参加冬奥会。

1976 年，波兰卡托维兹举办的冰球世锦赛是第一届允许职业运动员参赛的冰球世锦赛，但最终只有美国采用了这项新规则，召回了明尼苏达北极星队（Minnesota North Stars）和明尼苏达战斗圣徒队（Minnesota Fighting Saints）的 8 名职业运动员参赛。1977 年，第一届全面放开的冰球世锦赛于奥地利维也纳举办，参赛运动员不仅包括普通加拿大北美职业冰球联盟运动员，还包括获得两届北美职业冰球联盟 MVP 的菲尔·艾斯柏西托（Phil Esposito）。

瑞典队和芬兰队也增加了一些北美职业冰球联盟的职业运动员。加拿大队的许多运动员没有为比赛做好准备，也不熟悉国际比赛规则，最终以 2∶19 输给了苏联队，获得第 4 名。捷克斯洛伐克队赢得金牌，成为继加拿大队和苏联队之后第三支卫冕成功的球队。

从 1978 年开始，苏联队连续 5 次夺得冰球世锦赛冠军，并且在 1981—1984 年的冬奥会及 1985 年的冰球世锦赛上一直保持不败纪录；同时，加拿大队也极具竞争力，赢得了 3 枚铜牌。

6. 1989—1992 年：苏联冰球陨落时代

1989 年以前，居住在苏联、捷克斯洛伐克等国家的运动员，是不允许离开本国参加北美职业冰球联盟的比赛的。1989 年 3 月，谢尔盖·普里亚欣（Sergei Pryakhin）成了苏联队中第一个为非苏联队效力的运动员。随即，包括伊戈尔·雅里奥诺夫（Igor Larionov）和维亚切斯拉夫·费托索夫（Viacheslav Fetisov）在内的几名苏联运动员，也想离开苏联队参加北美职业冰球联盟的比赛。

后来苏联冰球协会官员放宽了管制，不久之后，大批苏联运动员加入北美职业冰球联盟。1990 年，苏联的许多顶级运动员都离开了国家队，但仍然赢得了当年冰球世锦赛的冠军，这也是苏联队最后一次在冰球世锦赛上夺冠。1991 年，瑞典前锋麦特·桑定（Mats Sundin）带领瑞典队夺得金牌，苏联队赢得了铜牌，这也是苏联队赢得的最后一枚冰球世锦赛奖牌。

苏联解体后，白俄罗斯、哈萨克斯坦、拉脱维亚、乌克兰成为国际冰联的成员，并开始参加国际比赛。

1963—1991 年，只有 4 支球队获得了冰球世锦赛奖牌，分别是：苏联、捷克斯洛伐克、瑞典和加拿大。苏联队在其参加的每届冰球世锦赛（1954—1991 年）中都获得了一枚奖牌。在 1992 年的冰球世锦赛中，瑞典队获得金牌，芬兰队获得银牌，这是芬兰队获得的第一枚冰球世锦赛奖牌（此前芬兰队曾在 1988 年冬奥会上获得过银牌）。

7. 1993 年至今

1993 年 1 月，捷克斯洛伐克分为捷克共和国和斯洛伐克共和国。国际冰联认定，捷克的冰球队可以继承原捷克斯洛伐克的组别，并保留了其在最高级别小组的位置。斯洛伐克的冰球队则于 1994 年开始进入最低组别（C 组），此境遇也迫使斯洛伐克更加努力。在接下来的十年中，冰球运动由所谓的"6 大强国"，即加拿大、捷克、芬兰、俄罗斯、瑞典和美国主导。

在 1993 年冰球世锦赛上，俄罗斯第一次以独立国家身份参赛并赢得了冠军，捷克队赢得了第一枚奖牌（铜牌）。

1994 年，加拿大队在决赛中击败芬兰队，赢得了自 1961 年以来的第一个冰球世锦赛冠军。1995 年，在瑞典举办的冰球世锦赛上，芬兰队赢得了首个冠军。

1995 年，在 B 组决赛中，由彼得·萨斯塔西（Peter Šastasý）带领的斯洛伐克队赢得了 B 组比赛的胜利并成功晋升到顶级组，此后斯洛伐克也一直稳居在该组别。

1996 年，捷克首次赢得冰球世锦赛冠军。在此期间，美国队是唯一一个没有获得过冰球世锦赛冠军的"6 大强国"，尽管美国赢得了 1996 年冰球世界杯冠军，但在当年的冰球世锦赛上只获得了一枚铜牌，这也是美国自 1962 年以来获得的第一枚冰球世锦赛奖牌。

20 世纪 90 年代中期，斯洛伐克、拉脱维亚、白俄罗斯、哈萨克斯坦、乌克兰等国家冰球队迅速发展；奥地利、法国、意大利、挪威、瑞士等老牌冰球国家队则有可能被降级到 B 组。国际冰联担心发生这种情况会失去广告收入，因此从 1998 年开始，将顶级组球队数量增加到了 16 支。

1996—2001 年，捷克队连续 6 次获得冰球世锦赛奖牌，其中包括 1999—2001 年的冰球世锦赛金牌，以及 1998 年冬奥会的金牌。2002 年，在俄罗斯队和斯洛伐克队的金牌争夺战中，斯洛伐克队选手彼得·邦德拉（Peter Bondra）在比赛的最后两分钟获得关键一分，助力斯洛伐克队获得了第一个冰球世锦赛冠军。

2003 年，在冰球世锦赛上，瑞典队成为史上最具代表性的强势回归球队之一。他们在 1/4 决赛中对阵芬兰队，在 1∶5 落后的情况下进行反击，最终以 6∶5 赢得了比赛。决赛在加拿大队和瑞典队之间展开，比赛进入加时赛，加拿大队的安森·卡特（Anson Carter）在第 13 分钟时打入制胜一球，这个进球经历了长达十分钟的审查，最终判定得分有效，加拿大获得最终胜利。在 2004 年，这两个国家的冰球队在冰球世锦赛决赛上再次相遇，加拿大队获胜并再次赢得了冠军。

2004—2005 年，由于北美职业冰球联盟和运动员之间的劳资纠纷，北美职业冰球联盟赛季最终被取消。于是 2005 年冰球世锦赛有了更多来自北美职业冰球联盟的顶级运动员参加，捷克队赢得了最终的胜利。

在 2006 年冬奥会上，瑞典队击败芬兰队赢得冰球比赛的金牌。3 个月后，瑞典队击败了捷克队赢得了 2006 年冰球世锦赛金牌。瑞典队也成为第一支在同一年赢得冬奥会冰球比赛和冰球世锦赛金牌的球队。

2007 年，在莫斯科冰球世锦赛上，加拿大队击败芬兰队夺得金牌。2008 年，冰球世锦赛首次在加拿大举办。俄罗斯队击败加拿大队，赢得了自 1993 年以来的第一枚冰球世锦赛金牌。

2009 年，俄罗斯队以 2∶1 战胜加拿大队，成功卫冕冰球世锦赛冠军。2009 年，北美职业冰球联盟运动员协会主任保罗·凯里（Paul Kelly）建议，冰球世锦赛隔年举办，以便让北美职业冰球联盟更多的运动员参与到冰球世锦赛当中。但国际冰联前主席雷内·法赛尔（René Fasel）则对此回应说，比赛有电视合同和托管承诺，很难实现较大的改变。

2010 年，冰球世锦赛在德国举办。第一场比赛在盖尔森基兴的维尔廷斯球场举办，德国队对战美国队，有近 8 万名观众观看了这场比赛，这也创造了冰球历史上观众人数最多的纪录。该届冰球世锦赛多场比赛的结果都出人意料：瑞士队首次在冰球世锦赛中击败加拿大队；挪威队击败了最终的冠军捷克队；丹麦队击败了芬兰队和美国队，挺进第一场 1/4 决赛。在季军争夺战中，德国队输给了瑞典队。在冠军争夺战中，捷克队击败俄罗斯队赢得金牌。

2011 年，冰球世锦赛首次在独立后的斯洛伐克举办。芬兰队以 6∶1 战胜瑞典队，赢得第二个冰球世锦赛冠军。捷克队获得铜牌，俄罗斯队获得第四名。

2012 年，冰球世锦赛由瑞典和芬兰联合举办。俄罗斯队在决赛中击败斯洛伐克队获得金牌，捷克队在铜牌赛中击败芬兰队。

2013 年，在冰球世锦赛上，瑞士队以 1∶5 不敌瑞典队获得银牌，这是瑞士自 1953 年以来获得的第一枚冰球世锦赛奖牌。瑞典队获得金牌，他们成为自 1986 年以来第一支在主场赢得比赛的球队。

2014 年，冰球世锦赛首次在独立后的白俄罗斯举办。法国队第二次击败加拿大队，挺进 1/4 决赛。由于俄罗斯队拥有大批的北美职业冰球联盟运动员，实力强大，在决赛中战胜芬兰队获得金牌，芬兰队获得银牌，瑞典队击败捷克队获得铜牌。

裁判主持冰球比赛

2015年，冰球世锦赛在捷克布拉格和俄斯特拉发举办，这是历史上参赛人数最多的一届冰球世锦赛。主场观众对捷克队抱有很大的期望，然而，加拿大队在决赛中以6：1战胜俄罗斯队夺冠，其队长西德尼·克罗斯比（Sidney Crosby）也成了第一个获得"三冠王"殊荣的运动员。铜牌由美国队获得，捷克队连续第二次获得第四名。

2016年举办的冰球世锦赛，加拿大队在决赛中击败芬兰队夺冠。

2017年举办的冰球世锦赛，瑞典队在点球大战中击败了蝉联两届冠军的加拿大队，获得冠军。

2018年举办的冰球世锦赛，瑞典队在决赛中对阵瑞士队，最终获胜，冠军再次花落瑞典队。

2019年举办的冰球世锦赛，芬兰队在决赛中以3：1击败加拿大队夺冠。

2020年举办的冰球世锦赛，由于受到新冠疫情的影响，被迫取消。

（三）冰球世锦赛比赛

1. 历届冰球世锦赛比赛结构的演变

1930年，第一届冰球世锦赛正式举办，有12个国家参赛。

1931年，此时冰球世锦赛的比赛形式类似冬奥会——10支球队首先参加循环赛，以确定参加决赛的球队，奖牌根据决赛中球队的最终排名颁发。20世纪30年代，赛制经历了几次变化，有些年份举办决赛，有些年份则是根据积分进行排名，最终积分多者获得金牌。

1937年，冰球世锦赛的比赛形式再次转换为类似冬奥会的形式。11支球队参加了循环赛，取前4名进入决赛，最终奖牌基于积分排名，没有最后的决赛。直到1938年才正式开始进行决赛。

进行中的冰球比赛

1951年，有13支球队参加冰球世锦赛。这届比赛将参赛球队分成两组，第1～第7名的球队参加A组的比赛，另外6支球队参加B组的比赛。之后参赛球队的数量一直在变化，最少时有3支球队参赛（1953年），最多时有12支球队参赛（1959年）。直到1992年，比赛才开始使用统一的赛制。

1990年，在国际冰联大会上引入了季后赛制度。

随着国际冰联成员不断增多，参加冰球世锦赛的球队也越来越多，因此引入了更多的组别机制。1961年，国际冰联在原有A组和B组的基础上新增了C组；此后，随着参赛球队的不断增加，于1987年又设立了D组。2001年，组别进行了更名：B组成为甲级，C组成为乙级，D组成为丙级。

2. 现代冰球世锦赛分级：顶级、甲级、乙级、丙级

现代冰球世锦赛参赛球队至少有40支：顶级16支，甲级12支，乙级12支。如果有超过40支球队参赛，超出的球队则归为丙级。

（1）顶级组比赛。

1998—2011 年，将参加冰球世锦赛的球队分成 4 组，以循环赛的形式进行预赛，每组前 3 名的球队进入资格赛。资格赛将参赛球队分为两组，每组有 6 支球队，同样采用循环赛，每组的前 4 名进入淘汰赛阶段。预赛中排名最后的 4 支球队会参加降级赛，决定球队是否会降级。赛后，垫底的 2 支顶级球队通常会在次年降级到甲级。

1998—2004 年，国际冰联为亚洲国家的冰球队举办了"远东资格赛"。日本队经常在"远东资格赛"中获胜，但在 2004 年的"远东资格赛"中，日本队排名第 15，次年日本队被降级到甲级。2004 年冰球世锦赛之后，国际冰联停办了"远东资格赛"。

根据世界排名，将顶级组的 16 支球队分为两组。排名基于上届冬奥会冰球比赛和过去 4 届冰球世锦赛的名次，冰球世锦赛比赛结果在排名中具有较高的权重，冬奥会决赛比赛与同年的世锦赛具有相同的权重。

从 2012 年开始，冰球世锦赛资格赛被取消，顶级组球队根据排名分为 A 组和 B 组，每组 8 支球队参加预赛，每支球队在预赛中打 7 场比赛。每组的前 4 名将进入淘汰赛阶段。在 1/4 决赛中，一组的第一名和另一组的第四名进行比赛，一组的第二名则与另一组的第三名进行比赛，以此类推。每场比赛的获胜球队晋级半决赛，半决赛的获胜球队晋级决赛，落败的球队进行第三名争夺赛。

同样，从 2012 年开始，不再有降级比赛，顶级组中排名末位的球队直接降级到甲级。

（2）甲级组比赛。

2001—2011 年，在冰球世锦赛中输掉降级赛的 2 支球队会在次年的冰球世锦赛中被降级到甲级组。在甲级组中取得冠军的球队则获得晋升，参加次年的冰球世锦赛顶级组，甲级组中的落败球队则会被降级到乙级组。

从 2012 年开始，顶级组每个小组的最后一支球队被降级到甲级 A 组，其在顶级组的位置被甲级 A 组的获胜球队取代。甲级 A 组的第 6 名被降级到甲级 B 组，其在原组的位置由甲级 B 组的获胜球队取代，而甲级 B 组中的第 6 名被降级到乙级组。

冰球世锦赛甲级组比赛于 2001 年开始举办，由甲级 A 组和甲级 B 组组成。

从 2012 年开始，这两个组别从并列关系变为上下分层关系，即 A 组的水平高于 B 组。甲级 A 组球队由退出顶级组世锦赛或在甲级 A 组中排名第 2 和第 3 的球队组成。甲级 B 组由排名第 4 和第 5 的球队，以及从乙级组晋升的球队组成。需要说明的是，甲级 A 组和 B 组各有 6 支球队，这些球队除了上述的核心来源以外，还包括通过升降级制度或保级留组而补足的其他球队。

（3）乙级组比赛。

在乙级组冠军赛中，每组的冠军球队第二年晋升到甲级组，而每组的落败球队都降级到丙级组。从 2012 年开始，乙级 A 组冠军球队会被晋升至甲级 B 组，并和甲级 B 组排名最后的一支球队互换位置。乙级 B 组冠军球队被晋升至乙级 A 组，并和从乙级 A 组降级的球队互换位置。乙级 B 组排名最后的一支球队被降级到丙级组，丙级组的冠军球队进入乙级 B 组。

乙级组比赛由排名第 29～第 40 的球队组成，乙级 A 组的球队由从甲级 A 组降级或在乙级 A 组中排名第 2 或第 3 的球队组成；乙级 B 组的球队由乙级 A 组排名第 4、第 5 的球队或丙级组晋升的球队组成。

（4）丙级组比赛。

在 2020 年丁级组成立之前，丙级组的比赛都是冰球世锦赛的最低级别。

自 2003 年开始，乙级组排名靠前的球队获得晋级资格，乙级组排名最后的球队将降级，被丙级组排名前两位的球队取代。

2011 年，国际冰联允许 8 支球队参加丙级组的比赛（此前仅为 6 支球队），分为两组，每组的冠军球队次年晋升到乙级组。虽然丙级组在 2012 年重新恢复成 6 支球队比赛，但乙级组的重组意味着只有丙级组的冠军球队才能得到晋升，取代从乙级 B 组降级的球队。

2013 年，有 8 支球队表示有兴趣参加丙级锦标赛。于是当年举办了资格赛，有 4 支球队获得了参赛资格，而 2012 年仅有 2 支球队有资格参加当年的丙级锦标赛。与之前的乙级资格赛一样，2013 年的丙级资格赛也不是冠军赛。2013 年赛事结束后，丙级锦标赛没有再举办资格赛。

2018 年，国际冰联重新引入了丙级资格赛，但仅用于确定将受邀参加下一年的丙级冠军赛的球队，这与 2013 年丙级资格赛有所不同。2019 年沿用了这一比赛模式。

3. 比赛规则

1930 年举办的第一场冰球世锦赛与现代冰球比赛有许多不同之处。例如，比赛在户外天然冰面上进行，不允许跨区域传球，球场大小为 56 米 ×18 米，每场比赛分为两局，每局 20 分钟，比赛时每队上场 7 人。比赛结束后，国际冰联举行大会，决定在今后的比赛中采用"加拿大规则"，即每队上场 6 人，每场比赛分为 3 局，每局 20 分钟。

1969 年，在国际冰联大会上，制定了允许在冰场中 3 个区域进行身体冲撞的规则。在此之前，只允许运动员在防守区进行身体冲撞。国际冰联后来对该规则的评价是"可以说是国际冰球历史上最重要和最具戏剧性的规则变化"，因为这一变化使得比赛变得更加激烈。1970 年，冰球世锦赛首次采用了该规则，但随即引起争议，国际冰联主席邦尼·艾恒（Bunny Ahearne）担心这一规则会让冰球"成为暴徒们的体育运动"。20 世纪 70 年代早期，国际冰联又制定了其他几项规则，如从 1970 年开始，运动员必须佩戴头盔；从 1972 年开始，守门员必须佩戴面罩。

1990 年，国际冰联开始采用季后赛制度，并决定在决赛中如果终场比赛结束时双方打成平局，则进行点球比赛。1997 年，国际冰联决定采用一项新规则，即允许两线传球，在此之前，球场中区会放缓比赛节奏并减少得分机会。在 1997 年举办的冰球世锦赛上，球队可以自行决定是否采用新规则。虽然没有任何一支球队接受这个提议，但是该规则还是被采纳了。国际冰联称其为"自 1969 年允许在 3 个区域进行身体冲撞以来，最具革命性的规则变化。……新规则几乎立即改变了比赛的形势。与前一年的总决赛相比，1999 年在挪威举办的冰球世锦赛是一场明显进攻多于防守的比赛"。

目前，国际冰联采用的冰球世锦赛规则与北美职业冰球联盟所采用的规则略有不同，具体如下。

（1）场地大小不同。

北美职业冰球联盟规定的冰球比赛场地为 61 米 ×26 米，而国际冰联规定的冰球比赛场地为 60 米 ×30 米。

（2）惩罚规则不同。

除了规定在比赛中共同适用的轻微处罚和双重轻微处罚外，北美职业冰球联盟还规定了重罚。重罚是处罚那些违反规则的、更危险的违规行为，如打架，而国际冰联规定打架的运动员会被直接退赛。

（3）新规则不同。

自 2005—2006 赛季开始，北美职业冰球联盟制定了几项新规则。其中一些已被国际冰联采纳，如点球比赛、两线传球等。此外，国际冰联也同意遵守北美职业冰球联盟的其他一些比赛规则。2006 年，国际冰联投票决定，取消平局比赛并建立三分制，该赛制最初被用于 2007 年的冰球世锦赛。

4. 运动员参赛资格

自 1977 年以来，冰球世锦赛一直向所有职业运动员和业余运动员开放。国际冰联规定运动员参赛需要满足以下要求。

（1）每名运动员必须在国际冰联成员协会的管辖范围内；

（2）每名运动员必须是其所代表国家的公民；

（3）每名运动员必须在所参加的锦标赛开始之日年满 18 岁，或者至少年满 16 岁。

如果一名从未参加过国际冰联比赛的运动员改变了自己的国籍，必须至少连续两年参加新国家的全国比赛，并拥有一张国际转会卡。如果一名之前参加过国际冰联锦标赛的运动员希望改变国籍，则必须在新国家打满四年比赛。所有运动员只允许变更一次国籍。

由于之前冰球世锦赛与北美职业冰球联盟的斯坦利杯季后赛同期举办，北美职业冰球联盟运动员通常只有在两种情况下才能参加冰球世锦赛：其所属的北美职业冰球联盟球队没有进入季后赛，或者从斯坦利杯争夺赛中被淘汰。因此，在冰球世锦赛比赛期间，有少数几名北美职业冰球联盟运动员参加是很常见的。

5. 获奖情况

自 1954 年以来，国际冰联会在冰球世锦赛期间进行表彰。在赛事组委会的投票中，首批奖项将表彰顶级守门员、前锋和防守运动员。1999 年，增加了最有价值运动员奖（MVP）；颁奖典礼上还将表彰全明星队，由媒体投票选出。2004 年，加拿大丹尼·哈特利（Dany Heatley）成为第一位赢得 MVP 的运动员，同时还获得了最佳前锋奖，并在同年入选全明星队。2008 年，丹尼·哈特利再获此殊荣。

二、国际冰联 U20 男子冰球世锦赛

（一）国际冰联 U20 男子冰球世锦赛的历史

国际冰联 U20 男子冰球世锦赛，即国际冰联世界青年冰球锦标赛（以下简称"世青赛"），是由国际冰联组织的，来自世界各地的 20 岁以下冰球运动员参加的年度赛事。世青赛通常于每年 12 月底举办，次年 1 月初结束，比赛会吸引顶级冰球运动员参加。然而由于比赛与北美职业冰球联盟赛季重合，一些北美职业冰球联盟的球队不会让其顶级冰球运动员来参加世青赛。

世青赛顶级组比赛的参赛球队来自世界排名前十的球队，世界冠军就从顶级组中产生。除此之外，还有 3 个组别——甲级组、乙级组、丙级组，每个组别都有单独的比赛，每支球队都有机会晋升到更高的组别或降级到较低的组别。

世青赛在加拿大备受关注，这要归功于加拿大在比赛中出色的表现（加拿大队已经赢得了 17 枚金牌）、冰球在加拿大的影响力、铺天盖地的媒体报道以及球迷上座率等。因此，近年来近一半的世青赛在加拿大举办，其余比赛则在欧洲和美国举办。

（二）世青赛的发展

1977 年，世青赛第一次举办了正式比赛。其在 1974—1976 年也举办过 3 场比赛，但现在通常将这 3 场比赛视为非正式比赛。多年来，比赛由苏联队和加拿大队主导，夺牌势头迅猛。这两支球队共计获得了 42 枚奖牌中的 30 枚，加拿大队以 17 枚金牌领先，苏联队共获得 13 枚金牌。苏联队赢得了自 1977 年以来的前四场正式比赛，加拿大队在 1993—1997 年连续 5 次获得冠军，并在 2005—2009 年连续 5 次获得冠军。

自 1977 年举办正式比赛以来，世青赛逐渐声名鹊起，特别是在加拿大，这项赛事成了每年的新年期间最重要的比赛之一。该赛事促进了北美职业冰球联盟冬季精英赛的建立。由于参赛人数不断增加，比赛也在其他国家人气倍增。

在加拿大举办的世青赛上，只要有加拿大队参加，比赛门票总是销售一空。其门票收入为加拿大冰球队和国际冰联提供了可观的利润保障。直到 21 世纪，加拿大一直坚持每隔一年或三年举办一届世青赛。与其他参赛国相比，加拿大的参

赛人数明显增多。

世青赛为年轻的冰球运动员提供了比赛的机会，显著提升了冰球运动员的自身价值，以便更好地面对即将到来的北美职业冰球联盟选秀大会。

1. 世青赛著名事迹：皮斯塔尼的拳头之争

1987 年 1 月 4 日，在捷克斯洛伐克的皮斯塔尼举办的世青赛最后一场比赛中，加拿大队和苏联队之间发生了群殴事件。世青赛官员根本无法控制局面，最后不得不关闭冰场所有照明，试图平息争斗，但混战仍然持续了 20 分钟。最终，除了两支球队均被停赛，成绩作废外，率先从运动员席跳入球场引起群殴的苏联冰球运动员达威多夫（Davydov）被全球禁赛 18 个月，两支球队的教练和其他运动员均被禁赛 6 个月。苏联队与加拿大队因此退出了金牌争夺赛。最终，芬兰队获得金牌，捷克斯洛伐克队获得银牌，此前被排除在奖牌争夺之外的瑞典队获得铜牌。

皮斯塔尼拳头之争使世青赛在加拿大的人气直线上升，因为斗殴事件发生之前，世青赛在加拿大仅有一小部分追随者，且当时只有一名加拿大记者到海外报道了这场比赛。这一情况在 1988 年发生了改变，加拿大主要媒体都向莫斯科派出了记者。到了 2005 年，超过 100 名加拿大记者报道了在美国北达科他州大福克斯举办的世青赛。

2. 参赛球队

加拿大队、芬兰队、瑞典队 3 支球队参加了历届所有世青赛，包括 43 场官方组织的，以及 3 场非官方组织的世青赛。苏联（苏联解体时，俄罗斯仍留在 A 组，而所有其他苏维埃共和国成员国从 1993 年开始都参加 C 组比赛）和捷克斯洛伐克（虽经历了解体）两队也参加了所有世青赛，美国参加了除了 1976 年之外的所有世青赛。

捷克斯洛伐克于 1993 年和平分裂，捷克队仍留在 A 组，斯洛伐克队被置于 C 组（现为乙级）。1996 年，斯洛伐克队通过努力，成为世青赛的顶级组成员，随后一直参加顶级组比赛。

从 1996 年开始，顶级组比赛从 8 支球队增加到目前的 10 支球队。从此，瑞士队成了比赛中的常客。德国队一直位列顶级组，在过去的十年中，德国队在顶级组的时间大约占了一半。自 20 世纪 90 年代以来，拉脱维亚、白俄罗斯、哈萨克斯坦等球队也分别进入过顶级组。奥地利、丹麦、法国、日本、挪威、波兰、乌克兰等球队在顶级组的出现频率较低。

2021年，在加拿大举办的世青赛上，参赛球队包括奥地利、加拿大、捷克、芬兰、德国、俄罗斯、斯洛伐克、瑞典、瑞士和美国。

3. 运动员参赛资格

符合以下情况的运动员将有资格参加世青赛。

（1）运动员为男性；

（2）运动员在世青赛结束当年的12月31日之前不满20岁；

（3）运动员是其所代表国家的公民；

（4）运动员属于国际冰联成员协会的管辖范围。

如果从未参加过国际冰联组织的比赛的运动员希望转换国籍，则必须在新国家连续参加两年比赛，并使用国际转会卡向新国家的冰球协会申请。如果运动员以前参加过国际冰联组织的比赛，但希望转国籍，其必须在新国家连续参加四年比赛，使用国际转会卡向新国家的冰球协会申请，成为新国家公民。运动员在其职业生涯中只能转换一次国籍。

三、国际冰联 U18 男子冰球世锦赛

国际冰联 U18 男子冰球世锦赛是由国际冰联组织的、由来自世界各地 18 岁以下冰球运动员参加的年度赛事。比赛通常在每年的 4 月举办，组织形式类似冰球世锦赛和世青赛。

截至 2021 年，美国队在国际冰联 U18 男子冰球世锦赛中获得过 10 次冠军；其次是芬兰队，获得过 4 次冠军；加拿大队和俄罗斯队分别获得过 3 次冠军。如果冰球运动员由于参加各自国家举办的冰球联赛季后赛而无法参加国际冰联 U18 男子冰球世锦赛，那么他们可以选择在 8 月的西林卡·格雷茨基杯中代表各自的国家出战。

四、国际冰联女子冰球世锦赛

（一）国际冰联女子冰球世锦赛的历史

国际冰联女子冰球世锦赛是女子冰球最重要的国际比赛，由国际冰联统一组

织管理。

1990 年，国际冰联举办了首届女子冰球世锦赛。20 世纪 90 年代，女子冰球世锦赛共举办了 4 届。自 2014 年起，国际冰联为了改善竞赛环境，决定在奥运年同期举办女子冰球世锦赛。

截至 2019 年，加拿大队和美国队在该项赛事中占据主导地位，加拿大队连续 8 次获得金牌，美国队共获得了 9 枚金牌。

（二）国际冰联女子冰球世锦赛的发展

女子冰球的发展之路并不平坦，国际冰联一直鼓励其成员向女子推广冰球运动和冰球比赛。在过去二十年中，越来越多的女子运动员参加了冰球比赛，数量大幅上升。

2007—2018 年，全球登记的女子冰球运动员数量从 153 665 名增加到 205 674 名。女子冰球几乎在世界各地崛起，北美洲、欧洲、亚洲、大洋洲、非洲和拉丁美洲都有女子冰球队。[①]

2019 年，国际冰联女子冰球世锦赛有 39 个国家申请参赛，国际冰联 U18 女子冰球世锦赛有 18 个国家申请参赛。

女子冰球始于 19 世纪 60 年代，1892 年在加拿大多伦多首次举办了女子冰球比赛；1916 年，在美国首次举办了国际女子冰球比赛，加拿大队和美国队参加。

20 世纪 30 年代，北美女子冰球比赛继续发展，之后由于第二次世界大战爆发，比赛停办。在二战后，冰球运动一直被视为男子的运动。直到 20 世纪 80 年代末，有组织的女子冰球比赛又正式开启，当时国际冰联举办了第一届国际邀请赛，即 1989 年在德国杜塞尔多夫举办的第一届国际冰联欧洲女子锦标赛，芬兰队获得该项比赛的第一个冠军。

1990 年，第一届国际冰联女子冰球世锦赛在加拿大渥太华举办，最终加拿大队获得冠军。1992 年，国际奥委会将女子冰球列为冬奥会正式比赛项目。第一届冬奥会女子冰球比赛于 1998 年在日本长野举办。以下是国际冰联主办的女子冰球比赛（均为第一届比赛）。

---

① IIHF. Women's ice hockey[EB/OL].（2020-05-01）[2021-02-21]. https://www.iihf.com/en/static/5068/women-s-hockey.

（1）1990 年，国际冰联女子冰球世锦赛在加拿大渥太华举办；

（2）1998 年，冬奥会女子冰球比赛在日本长野举办；

（3）2008 年，国际冰联 U18 女子冰球世锦赛在加拿大卡加利举办；

（4）2010 年，亚洲女子挑战杯赛在中国上海举办。

自 20 世纪八九十年代以来，越来越多的国家开始举办女子冰球比赛。从 2001 年美国全国大学体育协会（National Collegiate Athletic Association, NCAA）举办女子冰球锦标赛以来，女子冰球运动也成为美国大学体系中一项成熟的运动；同时，女子冰球运动也在加拿大校际体育联盟（Canadian Interuniversity Sport, CIS）中逐步开展起来。

与男子冰球运动一样，女子冰球运动也由北美的冰球队主导。1987—1997 年，加拿大队从无败绩，也很少在国际比赛中失利。但是加拿大队在 1998 年日本长野冬奥会女子冰球比赛决赛中，不敌美国队获得亚军。

2010 年，在加拿大温哥华举办的第四届冬奥会上，女子冰球比赛引发了人们关于缩小北美国家与世界其他国家之间冰球水平差距的讨论。同年，在加拿大多伦多举办的世界冰球峰会上，国际冰联决定将为女子冰球运动分配更多资源，以此来促进该项运动的发展。

（三）国际冰联女子冰球世锦赛比赛

1. 比赛结构

1990 年，首届国际冰联女子冰球世锦赛参赛队伍有 8 支，包括加拿大队、美国队、1989 年欧洲锦标赛的前 5 名，以及一支来自亚洲的资格赛获胜球队。1992 年、1994 年、1997 年也采用了同样的参赛形式。在 1998 年日本长野冬奥会后，参赛形式发生了变化，冬奥会比赛中的前 5 名将获得 1999 年女子冰球世锦赛的参赛资格，其余参赛的球队是奥运会资格赛中的前 3 名。从 1999 年开始，女子冰球世锦赛成为年度赛事，会有球队晋级和降级。

在 2017 年女子冰球世锦赛结束后，国际冰联宣布 2019 年女子冰球世锦赛顶级组参赛球队将扩大到 10 支。在过去的几十年中，女子冰球世锦赛参赛球队数量一直在不断变化。自 1990 年举办第一届女子冰球世锦赛以来，除了 2004 年、2007 年、2008 年、2009 年有 9 支球队参赛以外，其余年份参赛球队都是 8 支。

2003 年由于"非典"暴发，原定在中国举办的顶级组比赛被取消。2003 年，没有球队从顶级组降级。2004 年，两支球队从顶级组降级，日本队从乙级组晋级，2005 年又恢复了 8 支球队参赛。由于 2004 年 9 支球队参赛的先例十分成功，2007 年国际冰联决定再次将顶级组扩大到 9 支球队。2009 年的女子冰球世锦赛结束后，国际冰联将参赛球队继续变为 8 支球队。

（1）顶级组。

最初，在顶级组中，8 支球队被分为两组进行循环赛。每组前两名共计 4 支球队进入下一轮，争夺金牌。从 1999 年开始，顶级组垫底的两支球队需通过参加排名赛来决定是否降级。在 2004 年、2007 年、2008 年和 2009 年，有 9 支球队参加顶级组的比赛，共分为 3 组，每组需进行 3 轮比赛。在这种比赛形式下，每个小组的第一名球队继续比赛，每个小组的第二名球队参加铜牌争夺赛，每个小组的第三名球队被降级。

从 2011 年开始，为了使比赛更加公平，女子冰球世锦赛改变了比赛形式。8 支球队可分为 A、B 两组进行比赛，其中前 4 名种子球队在 A 组进行比赛，获得前两名的球队进入半决赛，后两名的球队对阵 B 组的前两名球队，决出半决赛的另外两个名额。B 组排名垫底的两支球队比赛，以确定最终降级的球队。从 2019 年开始，比赛扩大到了 10 支球队，同时采用新的比赛形式。10 支球队分为 A、B 两组，每组 5 支球队采用循环赛比赛。在这种比赛形式下，进入 A 组的前 5 名球队和 B 组的前 3 名球队进入 1/4 决赛，对阵形式为 A1 对 B3，A2 对 B2，A3 对 B1 和 A4 对 A5。B 组的最后两名球队争夺第 9 名，且两支球队都会被降级。

（2）低级别组。

2003 年，较低级别组被正式划分为甲级、乙级、丙级，每个级别的获胜球队都会被晋级，垫底的球队都会被降级。2009 年，国际冰联又发展出了戊级；2012 年，国际冰联对组别名称进行了调整，目的是和男子冰球世锦赛相匹配：甲级成为甲级 A 组，乙级成为甲级 B 组，丙级成为乙级 A 组，丁级成为乙级 B 组，而戊级成为乙级 B 组资格组。虽然名称变了，但是晋级和降级规则保持不变。低级别组划分见表 3-1。

表 3-1　低级别组划分

现级别	现组别	原级别
甲级	A 组	甲级
	B 组	乙级
乙级	A 组	丙级
	B 组	丁级
	B 组资格组	戊级

2.运动员参赛资格

如果想要获得参赛资格，运动员必须在其所代表的冰球协会的管辖范围内，并且必须是该国的公民。此外，在比赛进行的赛季，运动员必须年满 16 周岁以上，并申请获得治疗用药豁免。

3.比赛规则

女子冰球世锦赛比赛规则与男子冰球世锦赛比赛规则的唯一区别是：对合理身体冲撞的判罚。只有第一届女子冰球世锦赛中允许有合理的身体冲撞，此后身体冲撞会被裁定为犯规。

4.获奖情况

自第一届女子冰球世锦赛举办以来，女子冰球世锦赛组委会都会为每场比赛的最佳前锋、最佳防守、最佳守门员和最有价值运动员颁奖，在后来的大多数国际冰联赛事中，女子冰球世锦赛组委会都会颁发这些奖项（1997 年及 2003 年比赛被取消除外）。

国际冰联理事会由每个参赛成员协会选出的一名成员组成，这些成员针对上述奖项进行投票，颁奖仪式在女子冰球世锦赛的决赛后举行。

五、冰球冠军联赛

（一）冰球冠军联赛的历史

2008 年，国际冰联采纳了欢庆体育 AG（Ovation Sports AG）组织提出的建议，组织了冰球冠军联赛。其创立之时，恰逢国际冰联成立 100 周年，因此取代了之前由欧洲顶级球队参加的国际冰联欧洲冠军杯。

自 1997 年以来，银石奖杯一直被授予欧洲冰球顶级俱乐部的球队，也因此成了冰球冠军联赛的冠军奖杯。但由于国际冰联和冰球冠军联赛投资者之间的合同问题，冰球冠军联赛（2008—2009 赛季）仅在一个赛季结束后就被迫取消。

2013 年 12 月 9 日，国际冰联正式宣布推出同名新赛事，从 2014—2015 赛季开始重新举办第一届冰球冠军联赛。冰球冠军联赛也被称为欧洲冰球锦标赛。2014—2015 赛季由 26 个创始俱乐部、6 个冰球联盟以及国际冰联发起，参赛球队包括欧洲各国的顶级球队。

（二）冰球冠军联赛的发展

1. 2008—2009 赛季

第一届冰球冠军联赛（2008—2009 赛季）由来自欧洲七大联赛的 12 支球队参加。4 个国家（俄罗斯、捷克、瑞典、芬兰）的顶级俱乐部各派两支球队出战，排名第 5 ~ 第 7 的国家（斯洛伐克、瑞士、德国）各派一支球队出战，另外一支球队来自瑞士，由于其在 9 月的预选赛中获胜，因此也获得了决赛的资格。

冰球冠军联赛的主要比赛形式为：12 支球队分成 4 个小组，每组 3 支球队。每组 3 支球队采用主客场赛制，每组的获胜球队进入半决赛。在第一场半决赛中，俄罗斯派出的两支球队（Metallurg Magnitogorsk 和 Salavat Yulaev Ufa）互相对阵。最终 Metallurg Magnitogorsk 晋级决赛。在另一场半决赛中，瑞士 ZSC 雄狮队（ZSC Lions）对阵芬兰埃斯波蓝调队（Espoo Blues）。瑞士 ZSC 雄狮队取得了两场比赛的胜利并获得了决赛资格。

决赛的第一场比赛在苏联马格尼托哥尔斯克进行，双方以 2∶2 战平。第二场比赛在瑞士拉珀斯维尔进行，瑞士 ZSC 雄狮队以 5∶0 取胜，最终瑞士 ZSC 雄狮队获得冰球冠军联赛（2008—2009 赛季）的冠军。

事实证明，冰球冠军联赛非常受球迷和媒体的欢迎，平均每场比赛出席的观众人数比同赛季的北美职业冰球联盟常规赛还要多。

国际冰联于 2009 年 6 月 15 日宣布取消 2009—2010 赛季的冰球冠军联赛，但同时指出，如果北美职业冰球联盟能够提供帮助，比赛可能会在 2010—2011 赛季恢复。2010 年 1 月，国际冰联的主要投资者撤回了原定支持 3 个赛季冰球冠军联赛的承诺。一些球队陆续开始考虑对国际冰联采取法律行动，想要迫使其恢复冰球冠军联赛比赛。

2009 年 10 月 21 日，国际冰联宣布与冰球欧洲组织（Hockey Europe）达成协议，在 2010—2011 赛季重新启动冰球冠军联赛，来自欧洲顶级俱乐部的 7 支球队参加比赛（尽管该协议后来被取消，见下文）。该协议包括一项解决方案，可以补偿有资格参加 2009—2010 赛季（但后被取消）比赛的俱乐部。

2009 年 11 月 25 日，冰球冠军联赛的创始组织欢庆体育 AG 宣布，冰球冠军联赛不会继续举办。

2010 年 3 月 9 日，国际冰联宣布未能与冰球欧洲组织就重新启动冰球冠军联赛达成一致意见。因此，2010—2011 赛季没有举办冰球冠军联赛。

2010 年 12 月 6 日，国际冰联执委会宣布重新启动 2011—2012 赛季的冰球冠军联赛，批准通过 3 个赛季的总计划。然而，2011 年 2 月 23 日，国际冰联宣布，由于职业冰球联盟无法参赛，推迟原定于 2011—2012 赛季重新启动的冰球冠军联赛。

2013 年 12 月 9 日，国际冰联正式宣布，在 2014—2015 赛季正式开启同名新赛事，冰球冠军联赛最终被重新启动。

2. 2014—2015 赛季

2014—2015 赛季是冰球冠军联赛的第一个赛季，比赛于 2014 年 8 月 21 日开始，10 月 8 日结束。季后赛于 2014 年 11 月 4 日开始，决赛于 2015 年 2 月 3 日结束。最终瑞典吕勒奥 HF 队（Luleå HF）击败瑞典弗仑达 HC 队（Frölunda HC），赢得冠军。2014—2015 赛季冰球冠军联赛的比赛奖金总计 150 万欧元。

3. 2015—2016 赛季

2015—2016 赛季是冰球冠军联赛的第二个赛季，比赛于 2015 年 8 月 20 日开始，9 月 6 日结束。季后赛于 2015 年 9 月 22 日开始，决赛于 2016 年 2 月 9 日结束。最终瑞典弗仑达 HC 队（Frölunda HC）击败芬兰奥卢 Kärpät 队（Oulun Kärpät）队，赢得冠军。

4. 2016—2017 赛季

2016—2017 赛季是冰球冠军联赛的第三个赛季，于 2016 年 8 月 16 日开始进行小组赛，决赛于 2017 年 2 月 7 日结束。在决赛中，瑞典弗仑达 HC 队（Frölunda HC）在加时赛中以 4∶3 击败捷克布拉格斯巴达队（Sparta Prague）获得冠军。

5. 2017—2018 赛季

2017—2018 赛季是冰球冠军联赛的第四个赛季。从该赛季开始，比赛减少到 32 支球队，与前几个赛季不同的是，创始球队不会自动获得决赛资格。在决赛中，芬兰于韦斯屈莱队（JYP Jyväskylä）以 2∶0 击败瑞典韦克舍湖人队（Växjö Lakers），最终夺冠。

6. 2018—2019 赛季

2018—2019 赛季是冰球冠军联赛的第五个赛季。该赛季共有 32 支球队参赛，且参赛资格仅以实力为依据。6 个创始冰球联盟国家有 3 ~ 5 支球队（基于前四年的联赛排名）参加，而 7 个挑战联盟国家各有 1 支球队参加。该赛季小组赛于 2018 年 8 月 30 日开始，10 月 17 日结束。

在瑞典哥德堡的斯堪的纳维亚球场，瑞典弗仑达 HC 队（Frölunda HC）以 3∶1 击败了首支进入决赛的德国红牛慕尼黑队（München），获得了他们的第三个冰球冠军联赛冠军。

7. 2019—2020 赛季

2019—2020 赛季是冰球冠军联赛的第六个赛季。该赛季共有 32 支球队参赛，且参赛资格仍然根据实力而定。6 个创始冰球联盟国家有 3 ~ 5 支球队（基于前三年的联赛排名）参加，而 7 个挑战联盟国家各有 1 支球队参加。2018—2019 年度的联赛冠军自动获得 1 个名额，董事会还给出了 1 个外卡名额。

该赛季捷克芒特菲尔德 HK 队（Mountfield HK）获得了决赛的举办权，这是联赛历史上第一次在捷克举办决赛。瑞典弗仑达 HC 队（Frölunda HC）在决赛中以 3∶1 击败捷克芒特菲尔德 HK 队（Mountfield HK），成功卫冕，第四次获得冰球冠军联赛冠军。

（三）冰球冠军联赛比赛规定

1. 参赛资格

冰球冠军联赛的决赛在 12 支球队之间展开，这 12 支球队分别是来自欧洲国家俱乐部的 7 支冠军球队和联盟的 5 支亚军球队。

自 2017—2018 赛季以来，32 支球队再次参加小组赛，其中 24 支球队来自 6 个创始联盟国家（瑞典、芬兰、瑞士、捷克、德国、奥地利）。直到后期，创始联盟国家不再保证一定能够直接晋级决赛，每个创始联盟国家最多允许有 5 支球队参加决赛，根据系数给每个创始联盟国家分配参赛球队数。联赛成绩最好的两个创始联盟国家可以获得 5 支球队的参赛资格，接下来的两个创始联盟国家获得 4 支球队的参赛资格，最后两个创始联盟国家各获得 3 支球队的参赛资格。剩余的 8 个名额分给挪威、斯洛伐克、法国、白俄罗斯、丹麦、英国、波兰冰球联盟比赛的冠军球队，以及大陆杯冰球比赛的冠军球队。随后球队被分成 8 组，每组 4 支球队，每组中的前两名进入淘汰赛。

2. 参赛球队

目前，参加冰球冠军联赛的国家包括：俄罗斯、芬兰、捷克、瑞典、斯洛伐克、瑞士、德国、白俄罗斯、拉脱维亚、丹麦、奥地利、哈萨克斯坦、英国、挪威、法国、斯洛文尼亚、意大利、匈牙利、波兰、荷兰、乌克兰和罗马尼亚。

六、国际冰联大陆杯 ①

（一）国际冰联大陆杯的历史

国际冰联大陆杯是在欧洲俱乐部间组织的冰球比赛，于 1997 年正式举办，通常在欧洲杯冰球比赛结束后开始。那些在欧洲冰球联盟（European Hockey League）中没有代表队的国家均可参加，参赛球队由各自的冰球成员协会选出。

（二）国际冰联大陆杯的发展

2000—2001 赛季，由于欧洲冰球联盟比赛中断，国际冰联大陆杯便成为欧洲俱乐部的冠军赛。该赛季共有来自 27 个国家的 36 支球队参赛。

2004—2005 赛季，国际冰联大陆杯的参赛球队根据国际冰联世界排名确定。

（三）国际冰联大陆杯比赛

1. 比赛形式

国际冰联大陆杯比赛会进行资格赛：共分为 3 组，每组的前两名将进入下一轮。第 3 轮比赛的 3 名获胜球队和主办方俱乐部共同进入半决赛。第一轮比赛于 9 月举办，第二轮比赛于 10 月举办，第三轮比赛于 11 月举办，决赛于 12 月举办。

---

① IIHF. IIHF mainland cup[EB/OL].(2020-11-07)[2021-03-27]. https://www.iihf.com/en/static/61788/continental_cup_2024.

1996 年，国际冰联大陆杯比赛采取了同样的赛制。由于参赛球队增多（一些西欧俱乐部也注册了比赛），国际冰联大陆杯引入了资格赛。

2. 参赛球队

国际冰联联盟杯是国际冰联大陆杯的前身。国际冰联联盟杯创建于 1995 年，是第二个欧洲官方冰球俱乐部比赛，旨在为那些无法获得国际冰联欧洲杯资格的球队，特别是来自东欧国家的球队提供比赛机会。1995 年，来自东欧国家的 13 支球队参加了比赛，4 支球队获得了决赛的资格。国际冰联大陆杯比赛始于 1997—1998 赛季，共有来自 26 个国家的 42 支球队参加，此后增加到了 48 支球队。

七、冬奥会[①] 冰球运动

（一）冬奥会男子冰球比赛的历史

1914 年在巴黎奥林匹克大会（Olympic Congress）上，冰球被列入备选的体育项目名单。同年 1 月，直到冬奥会开幕前的 3 个月，国际冬奥会组委会才作出了将冰球纳入 1920 年夏奥会的决定。当时有 5 个欧洲国家承诺参加 1920 年夏奥会冰球比赛，安特卫普的格雷斯宫殿体育场的经理们表示拒绝让体育场用于花样滑冰比赛，除非也在体育场上进行冰球比赛。

1920 年，在比利时安特卫普冬奥会上首次举办了男子冰球比赛，该届冬奥会冰球比赛也被国际冰联视为第一届冰球世锦赛。此后，每届冬奥会的冰球比赛都作为冰球世锦赛，直到 1968 年冬奥会和冰球世锦赛分开举办。

1924 年，第一届冬奥会在法国夏蒙尼举办。冰球和花样滑冰从此成为冬奥会的正式比赛项目。

苏联队于 1956 年首次参加冬奥会冰球比赛，便赢得了 9 场比赛中的 7 场，打破了一直以来由加拿大队主导冰球比赛的局面。之后在将近 50 年中，加拿大几乎与金牌无缘，直到 2002 年才又获得一枚金牌，2010 年和 2014 年连续两届冬奥会获得冠军。美国队在 1960 年和 1980 年都获得了冬奥会冰球比赛的金牌，其中包括著名的"冰上奇迹"比赛。其他获得冬奥会金牌的国家 / 地区包括：1936 年的

① IIHF.Olympic winter events[EB/OL].(2021-07-28)[2021-10-12]. https://www.iihf.com/en/static/5478/olympic.

英国、1992 年的独立国家联合体、1994 年的瑞典和 1998 年的捷克等。

冰球比赛中的破门一击

（二）冬奥会男子冰球比赛

1. 1920 年

1920 年，冬奥会首次举办了男子冰球比赛，比赛由奥林匹克运动会组织委员会（以下简称"奥组委"）其中的一个委员会负责组织，该委员会成员中就有未来的国际冰联主席保罗·洛伊克（Paul Loicq）。比赛采用北里瓦尔规则，即需要进行 3 轮比赛：第一轮比赛是决定金牌得主的淘汰赛；第二轮比赛在被金牌得主击败的球队间进行，该轮的获胜球队获得银牌；第三轮比赛是在输给金牌得主和银牌得主的球队之间进行，该轮比赛的获胜球队获得铜牌。

该届冬奥会冰球比赛于 1920 年 4 月 23—29 日举办，共有 7 支球队参赛，包括加拿大、捷克斯洛伐克、美国、瑞士、瑞典、法国和比利时。加拿大队派出了获得艾伦杯冠军的球队温尼伯猎鹰队（Winnipeg Falcons）出战。瑞典队主要由乐队队员组成，他们中的许多人只是为了参加这次比赛才开始打冰球的。加拿大队赢得了全部 3 场比赛的胜利，在决赛中以 27：1 击败了瑞典队，最终获得金牌。在接下来的两轮比赛中，美国队和捷克斯洛伐克队分别获得了银牌和铜牌。但是，北里瓦尔规则也受到了一些批评，特别是获得金牌的瑞典队必须打 6 场比赛（赢3 场），而获得铜牌的捷克斯洛伐克队只需打 3 场比赛（赢 1 场）。该规则的创始人埃里克·伯格瓦尔（Erik Bergvall）表示，此类问题的出现是由于规则没有得到正确使用。也是由于这些批评,北里瓦尔规则最终没有被再次用于冰球比赛之中。

2. 1924—1952 年

1924 年,冬奥会冰球比赛形式采用循环赛,包括预赛和决赛。奖牌是根据比赛回合中的输赢次数来决定的。尽管在比赛期间球队比赛的数量略有不同,但这种形式一直沿用到 1988 年。代表加拿大队出战的多伦多花岗岩队(Toronto Granites)成为冬奥会历史上最具优势的冰球队之一,球队由哈里·沃森(Harry Watson)领衔。哈里·沃森的 36 个进球一直保持着冰球职业比赛进球数的纪录,他还创造了职业生涯 36 个积分的纪录(当时没有算助攻次数),这一个人纪录一直保持到了 2010 年。

1928 年,共计 11 支球队参加了在瑞士圣莫里茨举办的冬奥会。加拿大队赢得了所有比赛,并获得了金牌。瑞典队和瑞士队分别获得了他们的第一枚奖牌,德国队首次参赛。

1932 年,在美国普莱西德湖冬奥会上,加拿大队继续保持获胜态势。在晋级半决赛的 4 支球队中,加拿大队获得金牌,德国队获得铜牌,这是德国队在冬奥会冰球比赛中获得的第一枚奖牌。

1936 年,在德国加米施帕滕基兴冬奥会举办的前两天,加拿大队的官员提出了抗议,原因是英国队的两名冰球运动员詹姆斯·福斯特(James Foster)和亚历克斯·阿切尔(Alex Archer)曾代表加拿大队比赛,未经许可,他们就转会到英格兰冰球国家联盟(English National League)的俱乐部参加比赛。国际冰联表示支持加拿大队的指控。但是英国队随即威胁,如果两人被禁赛,英国队将会退赛。为避免冲突,加拿大队最终在冬奥会开幕前撤回了抗议。英国队第一次获得金牌,加拿大队获得银牌,美国队获得铜牌。

1940 年和 1944 年,冬奥会由于第二次世界大战被迫取消。

1948 年,瑞士圣莫里茨冬奥会期间,美国两个冰球协会——美国冰球协会(American Hockey Association,AHA)和业余体育联合会(Amateur Athletic Union,AAU)之间发生了冲突。自 1930 年以来,一直代表美国的业余体育联合会于 1947 年被国际冰联开除,理由是业余体育联合会拒绝支持美国冰球协会的球队(因为他们认为美国冰球协会运动员拿着"公家薪水",当时冬奥会对于业余运动员参赛有非常严格的限制)。瑞士奥组委当时已经接受了美国冰球协会的参赛申请,但国际奥委会委员艾弗里·布伦戴奇（Avery Brundage）威胁说，如果美国冰球协会参加了该届冬奥会，他们将禁止整个美国队参赛。但国际冰联表示，如果美国冰球协会被禁赛，就要从冬奥会中取消冰球比赛。国际奥委会后来建议，将两个美国冰球协会都禁赛，但瑞士奥组委拒绝了这个提议。国际奥委会决定将冰球比赛转为非官方赛事，并表示，美国冰球协会的球队可以参加比赛，但不会被视为官方参赛球队，也无法赢得奖牌。最后的成绩显示，美国冰球协会球队在积分榜上排名第四。捷克斯洛伐克队和加拿大队在比赛中取得了 7 场胜利。最后的金牌得主由进球均值决定，最终加拿大队获得了金牌。

之后，捷克斯洛伐克迎来了冰球运动的迅猛发展，球队分别取得了 1947 年和 1949 年冰球世锦赛的胜利。

1952 年，在挪威奥斯陆冬奥会上，加拿大队获得了金牌。这枚金牌是加拿大队在之后的 50 年中最后一次赢得冰球比赛的金牌。该届冬奥会上美国队获得银牌，瑞典队获得铜牌。芬兰队首次参加冬奥会冰球比赛。

3. 1956—1976 年

1954 年，苏联队第一次参加国际冰球比赛，便在决赛中击败了加拿大队获得金牌。1956 年，在意大利科尔蒂纳丹佩佐冬奥会上，苏联队保持了不败的战绩，并获得了第一枚冬奥会冰球比赛的金牌。加拿大队在奖牌争夺战中，输给了苏联队和美国队，获得了铜牌。

1960 年，冬奥会在美国斯阔谷举办，澳大利亚队第一次也是迄今为止唯一一次参加了冬奥会冰球比赛。加拿大队、苏联队、捷克斯洛伐克队、瑞典队 4 支冬奥会冰球强队都被美国队击败，最终美国队赢得了第一枚冬奥会冰球比赛的金牌。加拿大队获得银牌，苏联队获得铜牌。

1964 年，在奥地利因斯布鲁克冬奥会上，苏联队赢得了所有 7 场比赛的胜利，最终获得了金牌。加拿大队以 5 胜 2 负的成绩，与瑞典队和捷克斯洛伐克队并列第二。在 1964 年之前，打破并列排名的做法一般是基于与决赛中球队的进球差决定的，根据该规则，加拿大队排名第三。当时，冬奥会冰球比赛还视作冰球世锦赛，根据这一规则，加拿大队获得了冰球世锦赛铜牌。

1968 年，在法国格勒诺布尔冬奥会上，苏联队以 7 胜 1 负的战绩赢得了第三枚冬奥会冰球比赛金牌。捷克斯洛伐克队和加拿大队分别赢得了银牌和铜牌，这是冬奥会冰球比赛最后一次被视作冰球世锦赛。

1970 年，加拿大宣布退出国际冰球比赛，加拿大队没有参加 1972 年和 1976 年冬奥会。1972 年，苏联队在日本札幌冬奥会和 1976 年奥地利因斯布鲁克冬奥会上获得冰球比赛的金牌。

1971 年，美国队在冰球世锦赛中排名垫底，被降级为 B 组。1972 年，美国队由于获得了冬奥会的参赛资格并获得银牌，成为第一支赢得冬奥会奖牌的 B 组球队；捷克斯洛伐克队获得铜牌。

1976 年，捷克斯洛伐克队获得冬奥会冰球比赛的银牌，联邦德国队获得铜牌。与加拿大队一样，瑞典队没有参加 1976 年冬奥会。

4. 1980 年

1980 年，冬奥会重返美国普莱西德湖。自 1968 年以来，共有 12 支球队参加了冰球比赛，其中包括加拿大队。苏联队获得了 1980 年以前 6 届冬奥会的 5 枚金牌，并且在该届冬奥会上夺金呼声极高。苏联队由具有丰富国际比赛经验的职业运动员组成；相比之下，由主教练赫伯·布鲁克斯（Herb Brooks）率领的美国队，则完全由业余运动员组成，并且他们还是美国国家队历史上最年轻的运动员。

在小组赛阶段，苏联队保持了不败的战绩；美国队也取得了不错的战绩，其中包括 2∶2 战平瑞典队，以及 7∶3 击败排名第二的捷克斯洛伐克队。半决赛美国队对阵苏联队。第一节比赛结束时比分为 2∶2，而苏联队则在第二节比赛结束时以 3∶2 领先美国队。在第三节也就是最后一节比赛中，美国队再次打进两球，以 4∶3 赢得比赛。在决赛中美国队击败芬兰队获得金牌，苏联队击败瑞典队获得铜牌。

这场决赛被称为"冰上奇迹"，成为冬奥会和美国体育界最具代表性的时刻之一。1999 年，《体育画报》（Sports Illustrated）将"冰上奇迹"评为 20 世纪最重要的体育时刻之一。在 2008 年国际冰联举行的百年庆典大会上，"冰上奇迹"被评为过去 100 年中最佳冰球故事之一。

5. 1984—1994 年

1984 年，在南斯拉夫萨拉热窝冬奥会上，苏联队赢得了第 6 枚冬奥会冰球比赛金牌，捷克斯洛伐克队和瑞典队分别获得银牌和铜牌。

1988 年，冬奥会在加拿大阿尔伯塔省卡尔加里举办，苏联队获得了第 7 枚也是他们的最后一枚冬奥会冰球比赛金牌。苏联队最后一场比赛对战芬兰队，当时并没有人看好芬兰队，芬兰队自 1939 年以来一直在参加冰球世锦赛，却从来没有获得过一枚奖牌。然而，这次比赛芬兰队以 2：1 击败苏联队并获得了银牌（由于芬兰队积分低于苏联队，因此芬兰队获得银牌，苏联队获得金牌）。后来国际冰联作出了一项决定，改变比赛形式，因为在之前的几场比赛中，金牌得主已经在最后一天比赛前确定。1990 年，国际冰联在一次大会上宣布引入季后赛制度。1992 年，在法国阿尔贝维尔冬奥会上采用了该赛制，即首先进行预选赛，随后 8 支球队进行循环赛，前 4 名的球队进入半决赛，最终决出冠、亚、季军。

1989 年之前，国籍在苏联、捷克斯洛伐克等国的运动员不得离开其本国球队参加北美职业冰球联盟的比赛。1989 年冰球世锦赛后，苏联官员允许运动员离开其国家队去参加其他国家联盟的比赛。1991 年 12 月，苏联解体，之后白俄罗斯、哈萨克斯坦和乌克兰等国家成为国际冰联的成员。

在 1992 年法国阿尔贝维尔冬奥会上，亚美尼亚、白俄罗斯、哈萨克斯坦、俄罗斯、乌克兰、乌兹别克斯坦作为一个集体参加比赛，称为独联体队（the Unified Team）。在决赛中，独联体队击败加拿大队赢得金牌，捷克斯洛伐克队获得铜牌。

1993 年 1 月，捷克斯洛伐克解体成为捷克共和国和斯洛伐克共和国。国际冰联承认捷克共和国是之前捷克斯洛伐克的继任国家，允许球队保持其在冰球世锦赛顶级组的地位，而斯洛伐克队则在最低组（C 组），不得不努力向上晋级。

1994 年，这两个国家都参加了冬奥会。斯洛伐克队和芬兰队都取得了预赛的不败战绩。斯洛伐克队在 1/4 决赛中输给了俄罗斯队，后者在半决赛中又以 3：4 败给了瑞典队；芬兰队以 0：4 输给了俄罗斯队。在决赛中，瑞典队和加拿大队在 2：2 平局的情况下进行了加时赛。在点球比赛中，这两支球队都打入两球，于是最后一球定胜负。瑞典队的彼得·福斯伯格（Peter Forsberg）通过虚晃正手击球直接越过加拿大队守门员科里·赫希（Corey Hirsch），打入了奥运历史上最著名的进球之一。加拿大队的运动员保罗·卡里亚（Paul Kariya）的射门被瑞典队的汤米·萨罗（Tommy Salo）扑救，最终瑞典队赢得比赛，这也是瑞典队获得的第一枚冬奥会冰球比赛金牌。

6. 1998—2014 年

1995 年，国际奥委会、国际冰联、北美职业冰球联盟、北美职业冰球联盟运动员协会（National Hockey League Players' Association, NHLPA）共同达成了一项协议，允许北美职业冰球联盟运动员参加冬奥会。

1998 年，在日本长野冬奥会上，国际冰联调整了冰球比赛形式，以便适应北美职业冰球联盟的赛程。加拿大队在赛前被大众看好，却在半决赛中惨遭淘汰，后又输给了芬兰队。捷克队在守门员多米尼克·哈塞克（Dominik Hašek）的带领下，击败了俄罗斯队，赢得了他们的冬奥会冰球比赛第一枚金牌。在冰球世锦赛结束后，北美职业冰球联盟专员盖里·贝特曼（Gary Bettman）评论说："这正是我们从纯粹的冰球角度出发能够预测和希望的，这是一届精彩的锦标赛。"

2002 年，冬奥会在美国盐湖城举办。芬兰队的中锋阿莱木·何米门恩（Raimo Helminen）成为第一个参加全部 6 场比赛的冰球运动员。在 1/4 决赛中，白俄罗斯队击败瑞典队。此后，白俄罗斯队在半决赛中以 1∶7 输给了加拿大队，铜牌争夺战中以 2∶7 输给了俄罗斯队。加拿大队的第一轮比赛令人失望，但随后绝地反击，在半决赛中以 3∶2 淘汰了俄罗斯队并最终击败了美国队获得金牌，赢得了自 1952 年以来的第一枚金牌和男子冰球队的第七枚冬奥会金牌。

2006 年，在意大利都灵冬奥会上，在冰球比赛半决赛中，瑞典队以 7∶3 击败捷克队，芬兰队以 4∶0 击败俄罗斯队。在决赛中，瑞典队以 3∶2 战胜芬兰队获得金牌，捷克队以 3∶0 战胜俄罗斯队获得铜牌。3 个月后，瑞典队赢得了 2006 年冰球世锦赛冠军，并成为同年赢得冬奥会和冰球世锦赛金牌的第一支球队。

2010 年冬奥会在加拿大温哥华举办。芬兰队的泰穆·塞伦尼（Teemu Selänne）获得了 37 分，打破了加拿大队的哈里·沃特森（Harry Watson）在 1924 年创造的 36 分纪录，这一纪录曾被捷克斯洛伐克队的弗拉斯蒂米尔·本尼克（Vlastimil Bubník）和苏联队的瓦列里·哈拉莫夫（Valeri Kharlamov）追平。在决赛中，加拿大队和美国队以 2∶2 进入加时赛，这是冬奥会冰球比赛决赛第二次进入加时赛。加拿大队的西德尼·克罗斯比在加时赛中打入制胜一球，为加拿大队赢得了第 8 枚冬奥会冰球比赛的金牌。

2014 年，冬奥会在俄罗斯索契举办，本届冬奥会冰球比赛与 2010 年加拿大温哥华冬奥会采用相同的比赛形式。斯洛文尼亚队首次参赛，在 1/4 决赛中输给了瑞典队。拉脱维亚队在资格赛季后赛中以 3 : 1 击败瑞士队，这也是拉脱维亚队第一次进入冬奥会冰球比赛 1/4 决赛，最终被加拿大队以 2 : 1 击败。赛前最为人们看好的俄罗斯队输掉了 1/4 决赛，最终获得第 5 名。美国队以 20 : 6 击败对手进入半决赛，先以 0 : 1 输给加拿大队，随后以 0 : 5 输给芬兰队。加拿大队以 3 : 0 击败瑞典队，夺得第 9 枚冬奥会冰球比赛金牌。在整个比赛过程中，加拿大队成为自 1998 年以来首支连续获得金牌的球队，也是自 1984 年以来首支取得连胜的球队。

7. 2018 年

2018 年，在韩国平昌冬奥会上，冰球比赛并没有北美职业冰球联盟运动员参加，这是自 1994 年挪威利勒哈默尔冬奥会以来首次无北美职业冰球联盟运动员参与的冬奥会冰球比赛。俄罗斯队的夺冠呼声依旧很高，因为其国内冰球联盟在冬奥会期间休赛，这就使得帕威尔·达茨依科（Pavel Datsyuk）和伊利亚·科瓦利丘克（Ilya Kovalchuk）等明星运动员也能参加冬奥会冰球比赛。但是由于兴奋剂丑闻，国际奥委会禁止俄罗斯队参赛，但允许俄罗斯运动员在通过反兴奋剂检查后，以"来自俄罗斯的奥林匹克运动员"的名义参加比赛。决赛在德国队和来自俄罗斯的奥林匹克运动队之间进行。最终俄罗斯奥林匹克运动队的基里尔·卡普里佐夫（Kirill Kaprizov）在加时赛中打入制胜一球，以 4 : 3 击败德国队，获得金牌。加拿大队以 6 : 4 战胜捷克队，获得铜牌。

8. 2022 年

随着中国获得 2022 年冬奥会的主办权，全面提升冰雪运动的行动也随之开始。2017 年 3 月，中国冰球协会出台《2022 中国冰球行动计划》，希望中国冰球 5 年磨一剑，为 2022 年北京冬奥会蓄力。

按照计划，国家体育总局冬季运动管理中心、中国冰球协会，联合中国国际文化传播中心、北京昆仑鸿星冰球俱乐部，对中国国家 U20 男子冰球队、U18 男子冰球队、中国国家 U18 女子冰球队进行共建。北京昆仑鸿星冰球俱乐部为中国 3 支国家冰球队制定系统、全面、科学的训练计划，以及提供竞赛、体能、测评、营养、医疗、康复等完备的训练和保障体系。

此后，多项冰球赛事在中国接连上演，冰球运动在国内逐渐升温。此外，类似跨越中俄的"丝路杯"冰球联赛的举办，特别是两支中国冰球队（吉林市城投冰球俱乐部和北京昆仑鸿星冰球俱乐部）的加入，为 2022 年北京冬奥会培养专业人才赋予了重要的意义。

2022 年，北京冬奥会冰球比赛在北京赛区的国家体育馆和五棵松体育中心进行，共产生 2 枚金牌，分别是男子冰球金牌和女子冰球金牌。在 2022 年北京冬奥会冰球比赛中，中国男队小组赛遇到了美国队、加拿大队、德国队这 3 支强队，中国女队与日本队同组。中国男、女队均是作为东道主直接晋级。

北京冬奥会男子冰球比赛于 2022 年 2 月 9—20 日进行。首个比赛日迎来两场比赛，上届冠军俄罗斯奥林匹克运动队对阵瑞士队，捷克队对阵丹麦队。12 支男子冰球参赛队按照往届冬奥会成绩分成 3 组：A 组为加拿大队、美国队、德国队和中国队；B 组为俄罗斯奥林匹克运动队、捷克队、瑞士队和丹麦队；C 组为芬兰队、瑞典队、斯洛伐克队和拉脱维亚队。2022 年 2 月 9—13 日进行小组赛。决赛阶段，12 支球队按照小组赛成绩进行种子排名，排名前 4 的球队晋级1/4 决赛，其余 8 支球队进行附加赛，争夺另外 4 个 1/4 决赛席位。半决赛于 2 月 18 日进行，铜牌赛和金牌赛分别于 2 月 19 日和 20 日进行。

五棵松体育中心

2 月 19 日晚，北京冬奥会男子冰球三、四名决赛在国家体育馆举办，斯洛伐克队以 4∶0 战胜瑞典队，获得北京冬奥会冰球比赛铜牌，这是斯洛伐克男子冰球队历史上首次获得冬奥会奖牌。2 月 20 日 12 时 10 分，北京冬奥会男子冰球金牌争夺战在国家体育馆开打，经过 3 节激烈厮杀，最终芬兰队 2∶1 逆转击败上届冠军俄罗斯奥林匹克运动队夺冠。

（三）冬奥会女子冰球比赛的历史

1992 年 7 月，在第 99 届国际奥委会会议上，国际奥委会经过投票，批准女子冰球成为冬奥会正式比赛项目，且从 1998 年冬奥会开始正式比赛。这也是国际奥委会为促进女子运动员参加冬奥会冰球比赛所做的努力。1991 年 6 月，日本长野赢得了 1998 年冬奥会举办权，女子冰球在那时尚未成为冬奥会比赛项目。因此，该决定需要得到长野冬奥会组委会的批准。长野冬奥会组委会最初对举办该项比赛犹豫不决，因为组织女子冰球比赛不仅需要额外的费用，而且他们认为日本的球队未能参加当年的冰球世锦赛，所以也无法参加冬奥会的冰球比赛。

1992 年 11 月，长野冬奥会组委会和国际奥委会协调委员会达成协议，同意举办女子冰球比赛，但球队数量限于 6 支，并且不会建造额外的比赛场地。加拿大业余冰球协会还表示，可以帮助组建和培训日本女子冰球队，使其更具竞争力。国际奥委会也表示，如果长野冬奥会组委会本次未批准举办女子冰球比赛，那么女子冰球比赛将在 2002 年冬奥会上举办。第一届冬奥会女子冰球的比赛形式与男子类似，分别进行预赛、循环赛和决赛。

1998 年，女子冰球比赛首次在日本长野冬奥会上举办。虽然长野冬奥会组委会因经费问题，对于是否继续举办比赛犹豫不决，但最终组委会克服困难让比赛顺利进行。加拿大队虽然在比赛中占据主导，但最终美国队赢得 1998 年日本长野冬奥会女子冰球比赛的冠军，并在 2018 年韩国平昌冬奥会上再次夺冠。加拿大队则赢得了 2002—2014 年冬奥会女子冰球比赛的冠军。

（四）冬奥会女子冰球比赛

1. 1998 年

在 1998 年之前，女子冰球运动一直由加拿大队主导。截止到 1998 年，加拿大队赢得了每届女子冰球世锦赛冠军，然而在 1997 年，美国队初露锋芒，在两队之间进行的 13 场比赛中，加拿大队赢了 7 场，美国队赢了 6 场。

参加 1998 年日本长野冬奥会女子冰球比赛的还有来自芬兰、瑞典、中国、东道主日本的球队。在预赛中，美国队以 7∶4 战胜了加拿大队。加拿大队和美国队在循环赛中实力较强。两支球队在决赛中再次相遇，美国队以 3∶1 获胜，获得金牌；芬兰队以4：1击败了中国队，获得铜牌。

2. 2002 年

2002年，在盐湖城冬奥会上，俄罗斯、德国、哈萨克斯坦首次获得参赛资格，参赛的球队数量增加到了8支。加拿大队和美国队在第一轮和半决赛中保持不败，继而在决赛中相遇，最后加拿大队获胜，获得女子冰球比赛金牌。瑞典队击败芬兰队获得铜牌，这是瑞典队获得的第一枚女子冰球比赛奖牌。

3. 2006 年

2006年，在意大利都灵冬奥会上，瑞典队在半决赛中击败美国队，这是美国队第一次输给了加拿大队以外的对手。这场比赛也让人们联想到了1980年的"冰上奇迹"，这两场比赛的精彩程度不相上下。最终加拿大队击败瑞典队，连续获得两届冬奥会女子冰球比赛金牌，而美国队以4：0击败芬兰队夺得铜牌。

4. 2010 年

2010年，在加拿大温哥华冬奥会上，有8支球队首次参赛，其中包括斯洛伐克队。在金牌争夺战中，加拿大队以2：0击败美国队，连续获得三届冬奥会女子冰球比赛金牌。自1998年以来，芬兰队第一次以3：2战胜了瑞典队，获得铜牌。

5. 2014 年

2014年，在俄罗斯索契冬奥会上，加拿大队以3：2击败美国队，玛丽-菲利普·普林（Marie-Philip Poulin）在加时赛得分，加拿大队连续获得四届冬奥会女子冰球比赛金牌。伴随着这一胜利，加拿大运动员海莉·维肯海塞尔（Hayley Wickenheiser）、迦娜·赫福德（Jayna Hefford）、卡罗兰·奥雷特（Caroline Ouellette）也成为第一批赢得4枚冬奥会冰球比赛金牌的运动员。她们同苏联冬季两项运动员亚历山大·洪诺夫（Alexander Tikhonov）和德国短道速滑运动员克劳迪娅·佩希施泰因（Claudia Pechstein）成为在连续四届冬奥会上获得金牌的女运动员。在铜牌争夺战中，瑞士队以4：3击败瑞典队，夺得了第一枚女子冰球比赛的奖牌。

6. 2018 年

2018年，在韩国平昌冬奥会上，美国队以3：2击败加拿大队夺得金牌。这是20年来美国队首次夺得女子冰球比赛的金牌。美国队曾在1998年日本长野冬奥会女子冰球比赛中获胜，战胜的对手也是加拿大队。加拿大队在该届冬奥会上的失利，结束了其自 2002 年以来连续四届冬奥会的连胜纪录。

7. 2022 年

北京冬奥会女子冰球比赛于 2022 年 2 月 3—17 日进行，主赛场为五棵松体育中心。10 支参赛球队参照女子冰球世锦赛赛制，按种子排名分成 A、B 两组，A 组为排名前 5 的种子球队：美国队、加拿大队、芬兰队、俄罗斯奥林匹克运动队和瑞士队；B 组为东道主中国队和日本队，以及另外 3 支资格赛晋级球队：捷克队、丹麦队和瑞典队。A 组 5 支球队和 B 组前 3 名球队构成北京冬奥会女子冰球比赛 8 强。

2022 年 2 月 3—8 日，女子冰球小组赛的首个比赛日共举行了 4 场比赛，分别为：中国队对阵排名最高的资格赛晋级球队、瑞士队对阵加拿大队、芬兰队对阵美国队和日本队对阵资格赛晋级球队。1/4 决赛于 2 月 11—12 日举行，半决赛于 2 月 14 日举行。铜牌赛和决赛分别于 2 月 16 日和 17 日举行。加拿大队在 1/4 决赛中以 11：0 战胜瑞典队晋级，并最终以 3：2 战胜美国队夺得 2022 年北京冬奥会女子冰球比赛金牌。

（五）冬奥会冰球比赛的要求

1. 运动员参赛资格

冬奥会最初只允许业余运动员参赛。北美职业冰球联盟起初不同意其冰球运动员参加冬奥会比赛，因为冬奥会恰好在北美职业冰球联盟赛季期间举行，如果有多名冰球运动员参加冬奥会，北美职业冰球联盟将不得不停止比赛。1986 年，国际奥委会投票通过了一项决定，允许职业运动员参加 1988 年韩国汉城冬奥会。后来由于经济原因，从 2018 年开始，北美职业冰球联盟再次不允许冰球运动员参加冬奥会。

自 1976 年以来，有 12 支球队参加了冬奥会男子冰球比赛。1998 年和 2002 年，参赛球队数量上升到了 14 支。在北美职业冰球联盟允许其运动员参加 1998 年冬奥会后，"6 大强国"（加拿大、捷克、芬兰、俄罗斯、瑞典、美国）的球队自动获得了冬奥会男子冰球比赛的参赛资格。预赛前两名的球队会在决赛中和"6 大强国"的球队相遇。2002 年，冬奥会男子冰球比赛采用了类似的赛制。在接下来的比赛中，球队的数量又降至 12 支，以便减少循环赛的场次。

2010 年冬奥会，男子冰球比赛资格赛以 2008 年的国际冰联世界排名为依据开展。2008 年男子冰球世锦赛后，世界排名前 9 的球队自动获得参加 2010 年冬奥会的资格。排名第 19 ~ 第 30 的球队在 2008 年 11 月的第一轮资格赛中进行比赛，本轮前 3 名的球队晋级到第二轮资格赛。第二轮资格赛的前 3 名球队获得晋级冬奥会的资格。

女子冰球比赛采用类似男子冰球比赛资格赛的形式。在 2008 年女子冰球世锦赛之后，国际冰联世界排名前 6 的球队自动获得参赛资格。2008 年 9 月，在第一轮资格赛中，排名第 13 及以下的球队被分成两组，每组获胜球队晋级第二轮资格赛。

（1）国际冰联运动员参赛资格。

国际冰联列出了运动员参赛需要满足的条件：①每名运动员必须在国际冰联成员协会的管辖范围内；②每名运动员必须是他 / 她所代表的国家的公民。

国际奥委会的原始规则规定，已经为一个国家效力的运动员在任何情况下都不能改变国籍。

国际奥委会的新规则规定，如果从未参加过国际冰联比赛的运动员改变了公民身份，必须至少连续两年参加新国家的全国比赛，并拥有国际转会卡。如果之前曾参加过国际冰联锦标赛的运动员希望改变效力的国家队，那么他们必须在新的国家队打满 4 年比赛。运动员只有一次改变国籍的机会。

（2）职业运动员参赛资格。

国际奥委会创始人皮埃尔·德·顾拜旦（Pierre de Coubertin）深受英国公立学校教育的影响。英国公立学校教育认为，体育是教育的重要组成部分，并且存在普遍公平的概念，练习或训练被认为是作弊。因此，当时并没有专门训练以备参赛的职业运动员。到了 20 世纪，业余运动员作为贵族绅士的这一定义已经逐渐过时。然而，国际奥委会关于业余运动员参赛这一规定一直坚持到了 1988 年。

20 世纪 60 年代末，加拿大业余冰球协会认为，其业余运动员不再具备与苏联队的职业运动员和其他不断进步的欧洲球队竞争的能力，于是鼓励职业运动员参赛，但在当时遭到了国际冰联和国际奥委会的反对。

1969 年，国际冰联大会决定，在加拿大蒙特利尔和曼尼托巴省温尼伯举办的

1970 年冰球世锦赛上，允许加拿大队 9 名非北美职业冰球联盟职业运动员参赛。1970 年 1 月，这一决定被迫取消，因为当时的国际奥委会主席艾弗里·布伦戴奇（Avery Brundage）认为，如果做出这样的改变，冰球作为奥林匹克项目的地位将得不到保障。作为回应，加拿大退出了国际冰球比赛，加拿大官员也表示，他们要在实现了"公平竞争"之后才会回归。

1975 年，冈瑟·萨贝茨基当选国际冰联主席，他帮助解决了国际冰联与加拿大业余冰球协会的争议。

1976 年，国际冰联允许冰球世锦赛所有运动员之间"公平竞争"。然而，由于北美职业冰球联盟不愿意在赛季中期休息（当时两个比赛的比赛时间冲突），以及国际奥委会仅限业余运动员参加的政策依然存在，北美职业冰球联盟运动员仍未被允许参加冬奥会。

在 1984 年冬奥会之前，就"什么样的运动员才能称之为是职业运动员"这一问题，各方产生了争执。国际奥委会采用了一项规则，规定任何签下北美职业冰球联盟合同且在联赛中参加比赛不到 10 场的运动员，都可获得冬奥会的参赛资格。但是，美国奥组委认为，任何与北美职业冰球联盟球队签约的运动员都是职业运动员，因此没有资格参赛。国际奥委会随即召开紧急会议，裁定与北美职业冰球联盟签约的冰球运动员有资格参赛，前提是他们没有参加过北美职业冰球联盟的任何比赛。这使得 5 名原本可以参加冬奥会的冰球运动员（1 名奥地利运动员、2 名意大利运动员和 2 名加拿大运动员）失去了参赛资格。曾参加其他职业联赛的冰球运动员，如世界冰球协会（World Hockey Association）联赛的运动员，则被允许参加冬奥会。加拿大冰球官员艾伦·埃格尔森（Alan Eagleson）表示，该规则仅适用于北美职业冰球联盟，欧洲联赛中签约的职业运动员仍然被国际奥委会认为是业余运动员。加拿大业余冰球协会的默里·科斯特洛（Murray Costello）后来提到，如果政策如此，那么加拿大可能会出现退赛的情况。

1986 年，国际奥委会经过投票，允许所有运动员参加 1988 年举办的冬奥会。

（3）北美职业冰球联盟运动员参赛资格。

冬奥会通常在 2 月举办，恰逢北美职业冰球联盟常规赛的比赛时段。如果允许运动员参加冬奥会，那么北美职业冰球联盟将被迫暂停比赛。因此，北美职业冰球联盟决定，不允许其运动员参加 1988 年、1992 年、1994 年、2018 年的冬奥会。

1992 年，美国职业篮球联赛（National Basketball Association，NBA）运动员参加了 1992 年巴塞罗那冬奥会。北美职业冰球联盟专员、时任 1992 年 NBA 高管的加里·贝特曼（Gary Bettman）评论说，"NBA 的全球影响力得到了大幅提升"。他希望 NBA 的运动员参与北美职业冰球联盟也能够"让冰球运动广为人知"。NBA 赛季是在冬季和春季举行的，所以与冬奥会的举办时间没有冲突。贝特曼有"将冰球运动加入冬奥会"的想法，但由于奥林匹克宪章的规定遭到拒绝。

1995 年 3 月，贝特曼、法赛尔、国际奥委会主席胡安·安东尼奥·萨马兰奇（Juan Antonio Samaranch）和北美职业冰球联盟运动员协会执行董事鲍勃·古德瑙（Bob Goodenow）在瑞士日内瓦会面。他们达成了一项协议，允许北美职业冰球联盟运动员从 1998 年开始参加冬奥会。1995 年 10 月 2 日，北美职业冰球联盟正式公布了该项协议。

由于北美职业冰球联盟和运动员之间出现劳资纠纷，2004—2005 年北美职业冰球联盟赛季被迫取消。

2008 年 10 月，北美职业冰球联盟运动员协会主任保罗·凯里表示，运动员们希望重返冬奥会，北美职业冰球联盟也试图将这一想法纳入下一个协议。北美职业冰球联盟的俄罗斯运动员亚历山大·奥维奇金（Alexander Ovechkin）和叶甫根尼·马尔金（Evgeni Malkin）表示，如果他们想参加冬奥会，而且如果有必要的话，甚至会在未经北美职业冰球联盟许可的情况下直接参加。凯里还认为，北美职业冰球联盟与俄罗斯冰球联合会之间的紧张关系可能会影响运动员参赛。

2013 年 7 月 19 日，关于北美职业冰球联盟运动员参加冬奥会的决定得到批准。北美职业冰球联盟赛事将在冬奥会期间休赛 17 天，并将有 13 名运动员参加冬奥会，但北美职业冰球联盟管理层对这一决定持怀疑态度。

在 2014 年冬奥会上，国际奥委会支付了约 700 万美元，为参加冬奥会的北美职业冰球联盟运动员购买保险。

2016 年 4 月，国际奥委会宣布，从 2018 年开始将不再承担冬奥会中北美职业冰球联盟运动员的住宿、保险、旅行等费用，这一决定促使国际冰联敦促各成员协会和国家奥委会为运动员支付费用。芬兰冰球协会的马蒂·努尔米嫩（Matti Nurminen）认为，活动的组织者应该负责支付费用。所有国家都向国际冰联表示，他们不愿意支付北美职业冰球联盟运动员参加平昌冬奥会的住宿、保险、旅行等费用。

2017 年 4 月 3 日，北美职业冰球联盟宣布联盟的运动员将不参加 2018 年平昌冬奥会。在其声明中，北美职业冰球联盟表示，国际奥委会、国际冰联、北美职业冰球联盟运动员协会听取了关于如何让参与冬奥会的球队更具吸引力的意见，但并没有就此问题展开有意义的对话。

在接下来的几个月里，虽然国际冰联主席法赛尔试图说服北美职业冰球联盟改变主意，但北美职业冰球联盟的运动员还是决定不参加 2018 年平昌冬奥会。

2. 比赛形式

1924—1988 年，冬奥会冰球比赛采用循环赛（小组赛）和淘汰赛（半决赛和决赛）形式，然后根据每轮比赛的积分，最终决出金、银、铜牌。1992 年，冬奥会冰球比赛首次推出了季后赛。1998 年，比赛形式进行了调整，以适应北美职业冰球联盟赛程，首先在没有北美职业冰球联盟冰球运动员或没有"6 大强国"（加拿大、捷克、芬兰、俄罗斯、瑞典、美国）球队的情况下进行一轮预赛。2006 年，比赛形式再次修改，即在有北美职业冰球联盟运动员参加比赛的情况下，每支球队进行 5 场预赛。

3. 比赛规则

冬奥会冰球比赛采用国际冰联的竞赛规则，该规则与北美职业冰球联盟采用的竞赛规则略有不同。冬奥会冰球比赛应遵守世界反兴奋剂机构（World Anti-Doping Agenay，WADA）关于反兴奋剂的规定。

1920 年举办的第一场冰球比赛与现代冰球比赛有许多不同之处：比赛是在天然冰场上进行的，不允许跨区域传球；冰场大小为 56 米 × 18 米，比赛时间分为两节，每节 20 分钟；每支球队有 7 名运动员上场，其余运动员为替补。赛后，在国际冰联大会上，决定采用加拿大的冰球比赛规则，即每队上场 6 名运动员，每场比赛分为三节，每节 20 分钟。

1969 年，在国际冰联大会上，国际冰联官员投票决定，允许在与北美职业冰球联盟类似的冰场所有区域进行身体冲撞。而在此之前，只允许在防守区进行身体冲撞。

20 世纪 70 年代早期，国际冰联还修改了其他几项规则：从 1970 年开始，运动员必须佩戴头盔；从 1972 年开始，守门员必须佩戴面罩等。

1992 年，国际冰联采用季后赛规则来确定奖牌获得者，决赛中若比赛双方比分为平局，那么将采用点球大战一决胜负。

1998 年，国际冰联又通过了允许两线传球的规则。在此之前，冰场中区一直通过放缓比赛节奏，来减少球队得分。2010 年，国际冰联决定首次在北美职业冰球联盟的冰场进行冰球比赛。

从 2005—2006 赛季开始，北美职业冰球联盟制定了新规则，即每支球队可以有 15 ～ 20 名运动员（包括前锋和后卫）和 2 ～ 3 名守门员，且运动员都必须是所在国家的国家队成员等。

2014 年，在美国队和俄罗斯队的男子冰球比赛中，俄罗斯队在第三节比赛后期进球得分，为球队建立了 3：2 的领先优势，但裁判员随后因球网被移动，裁定俄罗斯队的进球无效。该裁定导致比分保持在了 2：2。最终美国队在点球比赛中取胜，这使得美国队可以继续参加季后赛，而俄罗斯队则与后续比赛无缘。许多俄罗斯政客、电视节目主持人、评论员等批评了这一裁定。针对这一争议，国际冰联的裁判长康斯坦丁·科米萨罗夫（Konstantin Komissarov）最终确认裁判员的裁定是正确的，理由是在重新裁定比赛时适当使用了视频作为佐证。

4.禁用物质

国际冰联遵守世界反兴奋剂机构规定，当一名运动员测试结果为阳性时，同队其他运动员也将接受测试，一个阳性检测结果可能导致整个团队被取消参赛资格。

（六）2022 年北京冬奥会 ①

2022 年冬奥会在北京举行。中国首都北京也成为第一个既举办过夏季奥运会又举办冬季奥运会的城市。

世界上最大的冬季体育赛事——冬奥会，首次在中国这个世界人口大国举办，有许多比赛值得期待。2015 年，中国在申奥时提出"带动 3 亿人参与冰雪运动"的目标。在此目标的引领下，目前全国各地越来越多的孩子开始学习打冰球。

国际冰联前主席法赛尔曾经表示：对体育界和全世界来说，这都是一个艰难的

① IIHF. One year until Beijing 2022[EB/OL].(2021-02-04)[2022-02-21]. https://www.iihf.com/en/news/24335/one_year_until_beijing_2022.

时期，但我们没有停止准备工作。真心希望国际奥委会和所有国际奥林匹克联合会一起，帮助推动冬季运动，让更多的中国年轻人拿起球杆，参与到冰球运动中来。

为了迎接冬奥会，中国做了许多准备。例如，中国男子和女子冰球国家队为全国冰球锦标赛做准备，北京昆仑红星队参与俄罗斯顶级冰球联赛等。

国家体育馆和五棵松体育中心用于冰球比赛。国家体育馆有 18 826 个座位，是 2008 年北京奥运会时期建造的，建筑风格类似传统的折扇。2008 年，这里举办了体操、手球、蹦床项目的比赛。目前这里修建了冰场，主要用于举办冬奥会男子冰球比赛。为了安装制冷地板，比赛场地的高度提高了 60 厘米。场地内有 14 个常设更衣室，还有为球队工作人员提供的所有必要的功能室。所有场馆都有 60 米 ×26 米的冰场。

五棵松体育中心也是为 2008 年北京奥运会修建的，可以容纳 14 614 名观众，当时五棵松体育中心用于举办篮球比赛。在 2022 年北京冬奥会期间，五棵松体育中心是女子冰球比赛的举办地，也举办了几场男子冰球比赛。

北京冬奥会奥组委冰球比赛组织团队由来自国内外的 13 名成员组成。其中有两名前国际冰联员工，一位是国际冰联前体育总监大卫·菲茨帕特里克（Dave Fitzpatrick），另一位是前亚洲体育发展经理哈拉尔德·斯普林菲尔德（Harald Springfield），他们都曾在 2018 年韩国平昌冬奥会筹备和举办期间为国际冰联和平昌冬奥会组委会工作过。

首席制冰师多恩·莫法特（Don Moffat）曾经参与过 2018 年韩国平昌冬奥会的场馆建设工作，他说从夏奥会场馆到冬奥会场馆的转变令人印象深刻。

在过去的两年里，我国技术官员通过参加选拔赛和培训项目为冬奥会和冬残奥会做准备。最近一次是在 2020 年 12 月，在云南腾冲举办的全国冰球锦标赛上，共有 67 名国家技术官员参与工作。这次比赛采用了国际冰联的计分系统，这为他们担任 2022 年北京冬奥会比赛场外裁判员工作奠定了坚实的基础。

八、冬季青年奥林匹克运动会 ①

2012 年，冬季青年奥林匹克运动会（Winter Youth Olympic Games，以下简称"冬

---

① IIHF. Youth olympic games[EB/OL].(2020-11-04)[2021-10-17]. https://www.iihf.com/en/static/5444/youth-olympic-games.

青奥会")首次在奥地利因斯布鲁克和塞费尔德举办。2016 年，冬青奥会在挪威利勒哈默尔举办。2020 年，在瑞士洛桑冬青奥会上，冰球分为男女两项赛事进行。2004 年和 2005 年出生的男女运动员，有资格参加 2020 年 1 月 9—22 日在瑞士洛桑举办的冰球比赛。

（一）冬青奥会锦标赛

冬青奥会锦标赛比赛形式分为以下 4 种：

（1）男子 3 对 3 锦标赛。

（2）女子 3 对 3 锦标赛。

（3）男子 6 队锦标赛。

（4）女子 6 队锦标赛。

2020 年，在冬青奥会上，冰球比赛分为两个阶段：第一阶段采用新的比赛形式，即混合组队 3 对 3 比赛；第二阶段是更为传统的 6 队比赛，每队上场 5 人。2004 年和 2005 年出生的男女运动员均可参加这两个阶段的比赛。

（二）3 对 3 锦标赛

6 支球队会先参加挑战赛，目的是争夺 3 对 3 锦标赛的参赛资格。国家挑战赛由国家奥委会和国际冰联成员协会组织。来自各个国家、地区的最佳运动员将自动获得参加 3 对 3 锦标赛的资格，而剩余的名额将根据全球排名进行补充。所有挑战赛都必须进行录像留底，便于验证结果。

3 对 3 锦标赛将会有两场比赛同时进行，赛场上的运动员由来自世界各个国家，共计 11 名选手和 2 名守门员组成。首先举行循环赛，随后举行半决赛和决赛。男子和女子锦标赛各有 6 支球队，各自分为两组进行比赛，每组上场 3 人。在预赛之后，两组的前两名进入半决赛，半决赛的获胜球队继续参加决赛。瑞士队由于是 2020 年冬青奥会的东道主，因此将自动获得男子和女子 3 对 3 锦标赛决赛资格，其余国家将根据青年冰球比赛的排名获得参赛资格。

（三）6 队锦标赛

青年组的排名是基于 2018 年和 2019 年的国际冰联 U18 男子冰球世锦赛和

U18 女子冰球世锦赛的排名确定的，各支球队将根据自己在这 4 场比赛中的最终排名获得积分奖励。

排名最高的国家可以选择是否参加 6 队锦标赛。该过程将持续至所有可用的 10 个资格赛名额占满为止。

第四章　女子冰球运动的发展^①

国际冰联鼓励所有成员协会在女性中推广冰球运动。冰球运动绝不是一项专属于某一性别或年龄的运动，而是一项适合所有人的运动。过去 20 年来，在国际冰联的努力下，越来越多的女性冰球运动员参加了比赛。随着女子冰球运动的蓬勃发展，北美洲、欧洲、亚洲、大洋洲、非洲和南美洲都纷纷组建了女子冰球队。

2023 年，共有 43 个国家的女子冰球队申请参加当年国际冰联举办的女子冰球世锦赛，有 32 个国家申请参加 U18 女子冰球世锦赛。

一、世界女子冰球运动发展史

女性参加冰球比赛的历史可以追溯到 1890 年前后。根据加拿大冰球协会的资料记载，第一场记录在案的女子冰球比赛于 1892 年在加拿大安大略省的巴里市举办，此时女子冰球运动逐渐开始发展，弗雷德里克·斯坦利勋爵^②的小女儿就非常热爱冰球。根据有关资料记载，当时女子冰球比赛标准的制服包括羊毛长裙、高领毛衣、帽子和手套。美国的女子冰球运动也慢慢有了雏形。1920 年左右，美国首次举办了女子冰球比赛。

---

① IIHF. Women's hockey[EB/OL].(2020-08-01)[2021-05-18]. https://www.iihf.com/en/static/5068/women-s-hockey.

② 弗雷德里克·阿瑟·斯坦利（Frederick Arthur Stanley），普雷斯顿的斯坦利勋爵。现在北美职业冰球联赛的最高奖项"斯坦利杯"就以他的名字命名，以纪念其为冰球运动做出的贡献。

20 世纪 30 年代，北美女子冰球运动发展速度较快，加拿大几乎每个地区以及美国的很多地区都有女子冰球队、冰球联盟，并举办过冰球锦标赛。

当时，加拿大的女子冰球队每年都会在东西部锦标赛上对决，争夺全国冠军。但是随着第二次世界大战的到来，女子冰球比赛逐渐没落。第二次世界大战后的很长一段时间，北美地区经济萧条，许多女性回归家庭。这样的状况持续了一段时间，冰球运动一度退变成了一项只有男子参与的运动。到了 20 世纪六七十年代，女子冰球运动重新恢复了活力，新一代女子冰球运动员成长了起来。

有组织的女子冰球比赛开始于 20 世纪 80 年代末。1989 年，在德国杜塞尔多夫举办了第一届国际冰联欧洲女子锦标赛，芬兰队获得了其在女子冰球比赛历史上的第一个冠军。

一年后，国际冰联组织了第一届女子冰球世锦赛，比赛在加拿大渥太华举办，加拿大女子冰球队在主场取得胜利。1992 年，国际奥委会投票决定将女子冰球列为未来冬奥会正式比赛项目，女子冰球比赛第一次进入冬奥会是在 1998 年的日本长野冬奥会。

自 20 世纪八九十年代以来，越来越多的国家大力发展女子冰球运动。随着 21 世纪的来临，女子冰球运动也成为北美大学学科中的一项成熟运动。2001 年美国国家大学体育协会举办了第一届女子冰球锦标赛，而加拿大大学间运动联盟（Canadian Interuniversity Sport, CIS）也开始举办女子冰球比赛。来自北美以外的许多世界级冰球运动员也陆续加入了美国国家大学体育协会和加拿大大学间运动联盟。

20 世纪 90 年代到 21 世纪初，北美逐渐建立了区域级、国家级和跨境的冰球运动联盟。加拿大女子冰球联盟（Canadian Women's Hockey League, CWHL）和美国全国女子冰球联盟（National Women's Hockey League, NWHL）是当今最主要的两个女子冰球职业联盟。

北美的女子冰球队和男子冰球队一样，在各种比赛中所向披靡。1987—1997 年，加拿大队没有输掉过一场比赛。加拿大女子冰球队的第一次失利是在 1998 年日本长野冬奥会上，当时是美国女子冰球队夺得金牌。在 2006 年意大利都灵冬奥会女子冰球比赛中，瑞典队在半决赛中险胜美国队，成了第一支在重大国际比赛中击败北美女子冰球队的欧洲队。但最后欧洲的女子冰球队还是输给了夺冠的加拿大队。

在 2010 年温哥华冬奥会女子冰球比赛之后，国际冰联推动冰球运动在世界更多国家发展，在缩小世界其他国家与北美女子冰球运动水平之间的差距方面达成共识。同年，在加拿大多伦多举行了世界冰球峰会（World Hockey Summit），国际冰联决议为女子冰球运动提供更多资源，并采取措施推动女子冰球运动的全球化发展。

二、世界女子冰球赛事百年回顾 ①

20 世纪初，有 3 支女子冰球队非常出名——温哥华亚马逊队（Vancouver Amazons）、维多利亚丘比斯队（Victoria Kewpies）和西雅图吸血鬼队（Seattle Vamps）。在这 3 支球队之间，每年会进行 6 场系列赛，在每支球队的主场进行两场比赛，通过计算比赛成绩来决定最终的冠军。系列赛由弗兰克·帕特里克（Frank Patrick）和莱斯特·帕特里克（Lester Patrick）两兄弟组织，冰球运动的先驱从加拿大安大略省搬到了加拿大西部，并创建了太平洋海岸冰球协会（Pacific Coast Hockey Association, PCHA）。除了从东部的国家冰球协会（National Hockey Association）吸引顶级男性运动员加盟外，他们还在太平洋海岸冰球协会比赛期间组织了女子冰球比赛，推广女子冰球运动。在当时，女子冰球比赛的形式很简单，即在男子比赛的第一节和第二节中场休息（各 10 分钟）期间以及男子比赛结束后进行（15 分钟）。

1921 年，一些女性创造了冰球历史，如凯瑟琳·卡森（Kathleen Carson）、南·格里菲斯（Nan Griffith）和阿米莉亚·福伊特科维奇（Amelia Voitkevic）。她们均来自温哥华亚马逊队，这是加拿大西部最好的球队，也是第一届女子冰球世锦赛的冠军球队。

1921 年的世界女子冰球比赛也是第一次至少有两个国家的两支球队参加的女子冰球比赛，后来，此项赛事被称为国际女子冰球联赛。温哥华亚马逊队后来赢得了国际女子冰球联赛赛季的第一场比赛，以 5∶0 击败了西雅图吸血鬼队。格里

① PODNIEKS A. Women made history 100 years ago[EB/OL].(2021-02-21)[2021-10-08]. https://www.iihf.com/en/news/24545/women_made_history_100_years_ago.

菲斯和卡森均打入进球。

精彩射门瞬间

　　第二场比赛于四天后在维多利亚举办，在比赛之前，由于发生了一些争议，一些运动员陷入了困境。因为不列颠哥伦比亚省业余体育联合会（Amateur Athletic Union）主席乔治·沃伦（George Warren）宣布，任何参加这个系列赛的女子运动员都将失去业余运动员身份，原因在于她们是在太平洋海岸冰球协会职业比赛期间或之后参加比赛，并且这样的比赛球迷们也会愿意花钱观看。

　　乍一看，这个消息对年轻女子运动员来说可能没什么大不了的，但对维多利亚丘比斯队的3名运动员——弗朗西斯·贝利（Frances Bayley）、伊芙琳·杜布瓦（Evelyn DuBois）和埃德娜·库里（Edna Curry）来说影响重大。她们原本是游泳运动员，如果失去了业余运动员身份，就不能再参加地方、国家以及国际游泳比赛。然而，维多利亚丘比斯队没有放弃，她们继续参加比赛。温哥华亚马逊队再次取得胜利，比分为4∶0。比赛过后，沃伦宣布，立即禁止所有的业余运动员参加所有项目的比赛。

　　大约一周后，系列赛的第三场比赛在西雅图举办，比赛中唯一的进球大约在比赛结束前五分钟打入，是由维多利亚丘比斯队的欧文夫人（名字不详）打进的。

　　在温哥华举办的第四场比赛是整个系列赛中最精彩的一场比赛。埃德娜·库里表现出色，阻止了温哥华亚马逊队的致命得分，但最终凭借第三节格里菲斯一记艰难的进球，温哥华亚马逊队以1∶0获得该场比赛的胜利，并以总比分3∶0

获得了冠军。

比赛结束时，格里菲斯和库里被评为各自球队的最佳运动员。据《温哥华太阳报》报道，"温哥华亚马逊队的运动员表现出了明显的优势，在比赛结束时观众给予了她们热烈的掌声"。

在系列赛第五场比赛中，温哥华亚马逊队再次证明了自己的实力，以 4∶0 的比分赢得比赛。卡森再次打进 3 球，成为明星运动员，第四个进球由贝蒂·海因兹（Betty Hinds）打进。

在系列赛最后一场比赛中，弗朗西斯·贝利为维多利亚丘比斯队，杰瑞·里德（Jerry Reed）为西雅图吸血鬼队各攻入一球，双方打成 1∶1 平。

最终温哥华亚马逊队以 4∶0 完胜西雅图吸血鬼队。维多利亚丘比斯队以 1 胜1 平 2 负的成绩位居第二，而西雅图吸血鬼队则以四场比赛皆负和 1∶11 的进球数排名最后。

后来温哥华亚马逊队继续参加比赛，并在第二年的班夫赢得了高山杯，而维多利亚丘比斯队、西雅图吸血鬼队在本赛季结束后解散，且再也没有重组。

三、国际冰联推动世界女子冰球运动发展的行动 ①

国际冰联早在 1994 年就设立了女性事务委员会（IIHF Women's Committee），但是女子冰球运动的发展比较缓慢。2010 年 2 月，温哥华冬奥会女子冰球比赛结束之后，时任国际奥委会主席的雅克·罗格（Jacques Rogge）曾对国际冰联提出，女子冰球运动可能面临被冬奥会除名的危险。这对于国际冰球运动未来的发展起到了警示作用，对于世界各国来说，重视女子冰球运动的发展迫在眉睫。2010 年，国际冰联发生了一些里程碑事件，促进了女子冰球运动的发展。

其中一个里程碑事件是在 2010 年 7 月，在芬兰维耶鲁迈基召开的冰球运动峰会上，来自 14 个国家的女子冰球运动主要负责人第一次聚集在同一个会议室，共同商讨女子冰球运动发展大计。一个月后，也就是 2010 年 8 月，在加拿大多伦多举办了另一个里程碑式的会议——世界冰球峰会，该峰会专设了一个论坛讨论女

① MERK M. Women's worlds grow[EB/OL].(2017-05-19)[2021-11-07]. https://www.iihf.com/en/events/2019/ww/news/4341/women%E2%80%99s-worlds-grow.

子冰球运动的发展，诸多发言人登台演讲，分享经验，畅言所思所想。

在这两个里程碑式会议之后，国际冰联承诺提供 200 万瑞士法郎的财政支持来改善女子冰球运动的现状；同时，国际冰联在苏黎世总部专设了女子冰球项目经理的职位，并聘请塔尼娅·福利（Tanya Foley）前来任职。

此时，大力发展和推动女子冰球运动的共识已经达成，相关福利机构与国际冰联女性事务委员会沟通协商，专门成立了一个特别工作组，招募全球青少年女子冰球赛事的知名专家和重要管理人员，共同商讨战略改革方案。到 2011 年 2 月，也就是在雅克·罗格发出警告的一年后，国际冰联就制订了全球推广女子冰球运动的具体方案。

然而，由于世界各国经济发展水平、文化背景存在巨大差异，冰球运动的发展水平参差不齐，许多国家的女子冰球运动仍然面临窘境。在哈萨克斯坦，虽然冰球运动已有了一定的普及率，但仍然不是所有社区和教练都愿意看到女孩跟男孩一样打冰球。许多中欧和东欧国家也面临这种局面，公众始终认为冰球运动是男性运动，女性不应该参与。家长的信任也是一个问题，要让他们把女孩送去打冰球，须让他们相信冰球运动对女孩来说是一项安全的运动，然而要克服这种成见绝非易事。

土耳其女子冰球运动员有半数都能参加女子冰球世锦赛和 U18 女子冰球世锦赛，但是对于她们来说，虽然她们属于俱乐部的运动员，但是需要自己承担球具和旅途的费用，当去距离较远的城市比赛时她们的经济负担会更大。

南非女子冰球队只能参加低级别联赛，国内联赛由来自 4 个地区的女子冰球运动员组成，但是由于场地和资源有限，女子冰球队每周只有 60 ~ 90 分钟的冰上训练时间，想要提高技术不得不进行大量的冰下（陆地）训练。在爱尔兰，自 2010 年唯一的冰场关闭以来，女子冰球队的发展一直受限。仅存的几名女子冰球运动员必须在男子冰球队中训练，而且必须跨越爱尔兰和英国的边境去贝尔法斯特参加比赛，因为本国境内再无其他冰场。在克罗地亚，女子冰球运动既没有财政支持，也没有赞助商，训练也经常安排在晚上，运动员需要做出许多妥协和牺牲。保加利亚女子冰球运动员苦于没有资源，无法学习先进的冰球技术和战术，也不知道该如何发展壮大本国的女子冰球运动。

拉脱维亚和立陶宛联合成立了一个新的女子冰球项目。截至 2020 年，立陶宛正在努力地发展女子冰球运动，希望有一天也能举办女子冰球联赛，组建一支能在2021年参加女子冰球世锦赛的国家队。塞尔维亚目前有63名女子冰球运动员，大多数女子冰球运动员都在男子U16冰球队中打球，资源和人数有限。因此，塞尔维亚迫切地想要得到更多的教育资源，目的是提高女子冰球运动普及率和教练员水平。

考虑到各国发展女子冰球运动的困境，国际冰联通过采取积极有效的措施来改善现状。

（一）开展女子冰球教练员研讨会[①]

国际冰联在确定战略规划后，便由国际冰联女性事务委员会、训练和发展委员会以及国际冰联世锦赛组委会联合召开了女子冰球教练员研讨会（Women's Coaching Symposium）。第一届女子冰球教练员研讨会是在国际冰联女子冰球世锦赛期间于瑞士苏黎世召开的，有来自28个国家/地区的超过100名女子冰球教练员参加了研讨会。虽然研讨会的活动在全球各地都很常见，但是以往很少有女子冰球队的教练员受邀参加。国际冰联开创了这个先河，积极地为女子冰球教练员创造机会，让全球各地的教练员互相交流，分享经验。

女子冰球教练员研讨会每年召开一次，主题包括如何应对女子冰球训练时的各种情况，以及如何为女子冰球队的训练创造有利的环境等。女子冰球教练员研讨会不仅有女子冰球队的教练员参加，而且有女子冰球队的行政人员参加，目的都是促进女子冰球运动的发展。

（二）开展女子冰球大使和导师计划[②]

世界各国女子冰球运动的发展很不均衡。目前加拿大和美国处于世界女子冰球运动的领先地位，第三名和第四名的瑞典和芬兰与它们存在很大的差距，但也把其他国家远远甩在了身后。为了缩小各国之间女子冰球运动水平的差距，国际冰联发起了女子冰球大使和导师计划。

---

①　OrganDing Committee. Women's coaching symposium[EB/OL].(2019-03-16)[2021-11-07]. https://www.iihf.com/en/events/2019/ww/news/9556/coaching-symposium.

②　IIHF. Women's hockey ambassadors[EB/OL].(2020-10-03)[2021-11-07]. https://www.iihf.com/search/getresult?filterValue=Women%E2%80%99s%20hockey%20ambassadors.

女子冰球大使和导师计划是全球最大规模推动女子冰球运动的项目之一。该项目邀请了在世界顶级女子冰球赛事中取得过优异成绩、来自 4 个冰球强国（加拿大、美国、瑞典和芬兰）的运动员和教练员，为女子冰球运动排名第 5～第 13 的国家（包括中国、捷克、法国、德国、哈萨克斯坦、挪威、俄罗斯、斯洛伐克和瑞士等）组成了一个专门的技术支持体系。国际冰联给每个国家分配两名运动员担任女子冰球大使，两名教练员担任导师，这些大使和导师能够根据自己丰富的训练和比赛经验，辅导该国女子冰球队的训练，使其为参与国际赛事做好充分的准备。国际冰联在选派冰球大使和导师时不仅要充分考虑其语言能力、各国具体的训练需求等因素，而且要保证其对应国家的女子冰球队在世锦赛和冬奥会上不会和冰球大使及导师所在的国家队对战，以免影响计划的实施。

该计划从 2011 年 7 月开始实施，第一期历时两年半，截止到 2014 年索契冬奥会之前。在此期间，冰球大使和导师每 2～3 周会和所负责的国家队进行沟通，为其提供各种建议，包括如何进行冰下（陆地）训练、如何增强团队凝聚力以及如何进行日常训练等。国际冰联每年会派遣冰球大使参加对接国家队的冰上训练或者团队比赛，导师则可以选择是自己每年去对接国家队进行实地指导，还是让对方教练员过来请教导师。这样的机会是难能可贵的，能够让接受指导的国家接触到国际最先进的冰球训练方法和训练手段，让这些有潜力发展冰球运动的国家获得更多的信息和资源，对提高女子冰球运动员的竞技水平产生积极的影响。

曾参加过四届冬奥会的著名加拿大运动员哈里·维肯海塞尔（Hayley Wickenheiser）受聘成为女子冰球大使和导师计划的协调人。加拿大 3 名前冰球教练员也参加了这个计划：参加过两届冬奥会（2006 年意大利都灵和 2010 年加拿大温哥华）的教练员梅洛迪·戴维德森（Melody Davidson）为挪威队提供指导，并负责协调该计划中的所有导师；参加过 2002 年美国盐湖城冬奥会的教练员丹尼尔·索瓦格（Daniele Sauvageau）指导法国队；参加过 1998 年日本长野冬奥会的加拿大冰球队教练员香农·米勒（Shannon Miller）指导俄罗斯队。

北美职业冰球联盟前运动员、2010 年加拿大奥运代表队的助理教练员道格·里德斯特（Doug Lidster）也成为该计划中的导师，他负责指导捷克队。其他一些已退役的著名冰球运动员，如美国冬奥会金牌得主凯蒂·金（Katie King）和艾莉森·詹米·麦乐克斯可（Allison Jaime Mleczko），瑞典冬奥会奖牌得主艾丽卡·霍尔斯特（Erika Holst）、金·马丁（Kim Martin）以及瑞典国家队前教练员皮特·埃兰德（Peter Elander）也自愿参加该计划，并担任大使。当被问及为什么退役之后仍然愿意参加这个计划时，她/他们表示非常珍惜这个机会，希望通过参与该计划能够助推国际女子冰球运动的发展。

（三）开展十二国冰球邀请赛系列①

在 2010 年 8 月举行的世界冰球峰会上，来自美国国家冰球联盟、国际冰球联合会、美国冰球协会和加拿大冰球协会的领导者共同制订了一个目标，即"通过全球合作，促进女子冰球运动发展"。因此，为了鼓励各国更加积极地参与国际女子冰球赛事，促进国际合作，国际冰联发起了十二国冰球邀请赛。这是女子冰球系列比赛，目标是为各国女子冰球运动员提供更多的比赛机会，使世界女子冰球运动的水平趋于均衡。参加该项赛事的国家包括加拿大、美国、芬兰、瑞典、瑞士、俄罗斯、日本、捷克等。根据 12 支球队的世界排名，其被分成 A、B、C 三组进行比赛。

不同于每年的女子冰球世锦赛，参加十二国冰球邀请赛的球队不是为了争夺奖牌而比赛，它们的主要目的是为在未来三年有望参加冬奥会女子冰球比赛的国家培养人才，获得参加更多国际大型比赛的机会。对于一些球队来说，这是它们在女子冰球世锦赛和冬奥会以外唯一能和世界顶级球队交手的机会。

十二国冰球邀请赛由国际冰联资助，会在各国冰球协会举办的国际比赛及表演赛上举行，让参赛球队及运动员有更多的机会与高水平冰球队同场竞技。

（四）开展世界青少年女子冰球日②

虽然世界各国青少年女子冰球运动员数量并不多，但她们才是女子冰球运动的未来。一个国家要发展冰球运动，只有从青少年时期开始培养冰球运动员，日后才可能在国际赛场上崭露头角。2011 年 10 月 2 日，国际冰联开展了首届世界

---

① IIHF. International working group on women and sport[EB/OL].(2020-06-15)[2021-11-18]. https://www.iihf.com/search/getresult?filterValue=International%20working%20group%20on%20women%20and%20sport

② STAFFIERI M. IIHF world women's hockey day[EB/OL].(2017-08-04)[2021-11-21]. https://icehockey.fandom.com/wiki/IIHF_World_Girls%27_Hockey_Day.

青少年女子冰球日活动，邀请世界各国共同举办冰球日活动，并将活动照片和背后的故事展示在国际冰联的官网上。为了庆祝这一活动的成功举办，在10月2日这一天，整个国际冰联的网站从以往的蓝色背景变成了粉色背景。当天有超过20个国家举办了超过165个活动来促进女子冰球运动的发展。

（五）开展世界女子冰球周末①②

世界女子冰球周末是一项全球性的活动，每年秋季举行，旨在鼓励女性青少年参与冰球运动，并将其发展成为一项新的常规运动。国际冰联号召全球各国举办此项活动，将女性青少年聚集到冰上，在开放、积极、有趣和安全的环境中向她们介绍冰球运动的基本技能，了解在社区中参与冰球运动的机会，传播公平竞争和团队合作的体育精神，也帮助她们通过活动结识新朋友，使其爱上冰球这项运动。自2011年以来，成千上万的女性青少年参加了该项活动。

举办世界女子冰球周末的门槛并不高，国家冰联、冰球联盟、俱乐部、球队或者任何想要普及冰球运动的团体都能在国际冰联官方网站登记成为组织者。活动规模可大可小，主要目标就是给女性青少年创造认识冰球、参与冰球运动的机会。

组织者首先需要在社区中开展宣传活动，以便吸引更多的参与者。活动开展的那个周末，组织者还需组织女性青少年进行冰上活动，为其提供冰球和球棍。在冰球运动开展较少的地区还应提供冰鞋、头盔和手套等护具，安排冰球教练员带领女性青少年进行一些非常基础但很有趣的训练。活动结束后，组织者向国际冰联提供活动的照片和资料，以便刊登在国际冰联的网站上做进一步宣传。

国际冰联也会尽量协助组织者顺利举办活动。虽然有些团体对于举办此类活动经验丰富，但是国际冰联仍然准备了一个全面的工具包供组织者使用，工具包里应有尽有，使用多种语言制作，既有相关的活动手册，如应该如何安排冰上时间、有哪些冰上小游戏可以做等，也提供了活动海报和日程安排供参考；同时，国际

---

① IIHF. World women's hockey weekend [EB/OL].(2020-09-06)[2024-11-21]. https://www.iihf.com/en/static/5137/world-girls-ice-hockey-weekend.

② IIHF. World girls' hockey day[EB/OL].(2020-08-07)[2021-11-21]. https://www.iihf.com/search/getresult?filterValue=World%20Girls%E2%80%99%20Hockey%20Day.

冰联还向组织者提了一些建议，如邀请一些著名女子冰球运动员和教练员等来参加活动，分享他／她们对冰球运动的热爱；给父母们专门设立冰球运动的信息咨询处，让他／她们更好地了解冰球运动；为不会滑冰或者年龄太小的孩子组织一些冰下的活动，让她们更好地体验参与冰球运动的快乐等。

青少年在冰上尝试打冰球

除此之外，国际冰联充分利用社交媒体进行大力宣传，在活动期间鼓励参与者登录网站查看和分享活动照片。

（六）开展国际冰联全球青少年女子冰球赛 ①

国际冰联全球青少年女子冰球赛旨在促进世界各国业余女子冰球运动的发展。2019 年共有 40 个国家参加，创下历史新高。

全球青少年女子冰球赛实际上是一场持续两天半的女子冰球接力赛，由一个国家举办时长为 1 小时的女子冰球比赛后，接着由下一个国家举办。第一场比赛从新西兰的奥克兰开始，穿越五大洲，最后抵达北美洲。40 个国家中每场比赛的

---

① IIHF. 2019 IIHF global girls' game[EB/OL].(2020-10-18)[2021-04-11]. https://www.iihf. com/en/static/9334/global-girls-game-1819.

参赛球队都分为蓝队和白队，比赛在一个国家结束后，又会在另一个国家继续开展，所有的蓝队和白队在各国比赛中拿到的分数也会进行累计，最终积分高的球队获胜。随着比赛的传递，来自世界各国的女子冰球运动员都团结在一起，成了队友。

全球青少年女子冰球赛并非只注重比分，更想传递一个信息，即女子冰球运动是一项很酷的运动，在任何地区的女性青少年都可以参与进来。

全球青少年女子冰球赛不仅能激发女性运动员的热情，让她们出于对体育的热爱团结在一起，也对许多国家发展女子冰球运动起到了推动作用。在 2019 年全球女子冰球比赛中，卢森堡开创了组建第一支女子冰球队并举办第一届女子冰球比赛的历史。虽然卢森堡 1912 年就加入了国际冰联，但是由于国土面积小，人口不多，当时只有 432 名注册运动员，冰场也仅有两个。经过 80 年的努力，卢森堡于 1992 年组建了第一支男子冰球队，并参加了国际冰联组织的冰球世锦赛。由于国内冰球场地和冰球队数量有限，卢森堡很少在国内举办冰球比赛，国内最强队——卢森堡飓风队（Tornado Luxembourg）参加的海外比赛比国内的比赛还多。女子冰球的发展就更受限了，全国只有 8 ~ 10 名女子冰球运动员，连组织一场比赛的人数都凑不齐，因此卢森堡冰球联合会（Luxembourgish Ice Hockey Federation, FLHG）发布了宣传视频，邀请广大女性来体验冰球运动。最初他们招募了一些有着不同背景和年龄的初学运动员，每周一晚上进行训练，而后随着参与的女性运动员越来越多，终于组建了一支女子冰球队。最终卢森堡成功举办了这一具有历史意义的女子冰球比赛。

（七）开展国际冰联女子高水平训练营[①]

2011 年 7 月，国际冰联举办了第一届 U18 和成人组的女子高水平训练营，来自 13 个国家的 204 名女子冰球运动员赴斯洛伐克布拉迪斯拉发参加训练营，训练营地点就是两个月前刚举办过男子冰球世锦赛的场馆。之后，国际冰联每年都会举办女子高水平训练营。举办训练营的主要目的是培训女子冰球运动员，确保她们拥有参加国际顶级女子冰球比赛所需的技能，并帮助她们提高这项技能。

训练营为期 8 天，汇集了世界一流的体能教练员、守门员教练员以及其他女

---

① IIHF. 2019 IIHF camps[EB/OL].(2020-07-24)[2021-08-13]. https://www.iihf.com/en/static/6112/camps.

子冰球赛事中的重要人员，为女子冰球运动员提供指导，帮助她们更好地在赛场上发挥潜力，并通过不同的训练课程和研讨会，提升她们的竞技水平。

各国女子冰球运动员被随机分成不同的组别，共同进行冰上和冰下（陆地）的训练。培训既包括技能训练和体能训练，也包括其他拓展训练，如培养自信心、保持注意力，培养领导力、增进团队合作、理解体育精神等内容；还邀请了前奥运选手分享自己的比赛经历和心路历程，讲述自己的冠军之路。训练营期间，国际冰联还为运动员辅助人员开设了一系列培训项目，这些辅助人员包括球队教练员、球队经理、器材经理、运动理疗师、营养师等。

国际冰联女子高水平训练营不仅集中了国际顶级资源，为运动员及辅助人员提供了培训，提升了其各方面的能力，也打造了一个国际交流的平台，参营人员之间可以进行广泛的交流，在发展女子冰球运动方面互相学习、交流经验。

（八）开展国际冰联守门员发展训练营 [1][2]

国际冰联守门员发展训练营由国际冰联女性事务委员会组织，旨在培养女子冰球守门员。

国际冰联女性事务委员会致力于普及和传播女子冰球运动，缩小其他国家与北美女子冰球队之间的差距。虽然这个训练营的训练目的和国际冰联女子高水平训练营相似，但是将训练的重点放在了来自非洲、亚洲、欧洲和拉丁美洲的优秀守门员和守门员教练员身上，引导她/他们进行冰上和冰下（陆地）的教学和训练。

参加国际冰联守门员发展训练营的守门员既有来自 U18 组别的，也有成人组别的，一共分为 4 组进行培训。国际冰联守门员发展训练营的守门员既有机会接受经验丰富的教练员的指导，还有机会接触到前奥运选手，如瓦伦蒂娜·瓦尔纳（Valentina Wallner）、金·马丁、梅里·莱萨宁（Meeri Raisanen）、佛罗伦萨·谢林（Florence Schelling）和祖萨娜·托米茨科瓦（Zuzana Tomcikova）等。

---

① MERK M. Development camps comin up[EB/OL]. (2019-06-26)[2021-03-05]. https://www.iihf.com/en/news/13258/development-camps-coming-up.

② MERK M. Bringing goalies years ahead[EB/OL]. (2019-07-02)[2021-05-02]. https://www.iihf.com/en/news/13306/bringing-goalies-years-ahead.

冰球教练员教授冰球比赛战术

（九）开展国际冰联亚洲女子夏令营[①]

为促进亚洲青年女子冰球运动的发展，加强区域合作，国际冰联发起了亚洲女子夏令营活动，由主办国的冰球协会协办。首届亚洲女子夏令营于 2018 年 8 月 6—12 日在北京举行。

中国、印度、印度尼西亚、马来西亚、蒙古国、菲律宾、新加坡、泰国和阿拉伯联合酋长国等国际冰联亚洲成员积极派出代表参加亚洲女子夏令营。参加亚洲女子夏令营对于教练员和运动员来说是交流思想、增进友谊的宝贵机会。国际冰联聘请了经验丰富的著名冰球教练员和运动员进行分享，参加该夏令营的运动员不仅能学到冰球技术和技巧，还能受到鼓舞和激励，追求卓越，为亚洲女子冰球运动的发展做出贡献。亚洲女子夏令营也是国家冰球协会培养冰球人才，提高青少年女子冰球运动员竞争力的重要平台。

国际冰联的亚洲战略规划小组的成员在该夏令营闭幕式上为表现突出的运动员和教练员进行了颁奖，以此来鼓励她／他们为发展亚洲女子冰球运动所做的努

---

① MERK M. Camp in Beijing[EB/OL]. (2018-08-22)[2021-12-03]. https://www.iihf.com/en/news/4599/camp-in-beijing.

力和贡献。

（十）扩大国际女子冰球赛事规模 [①]

2017 年，经国际冰联年度大会成员一致同意，将 2019 年国际冰联女子冰球世锦赛的参赛队伍由 8 支扩充至 10 支。这一计划由女性事务委员会和国际冰联执委会发起，旨在进一步推动国际女子冰球运动的发展，该计划得到了国际冰联下属成员协会的一致认可。

据国际冰联执委会成员苏珊娜·科尔本赫尔（Zsuzsanna Kolbenheyer）说，自 2010 年温哥华冬奥会以来，女子冰球运动有了长足的进步，因此执委会内部从三年前就开始讨论如何进一步推动女子冰球运动的发展。

自 1990 年第一次举办女子冰球世锦赛以来，顶级的参赛球队只有 8 支，唯一一次例外发生在 2004 年，当时有 9 支球队争夺冠军。本该在中国举办的 2003 年赛事由于"非典"暴发而取消，因此虽有队伍晋级，却没有队伍被淘汰，最终形成了 9 支球队争金的局面。

2017 年，国际冰联计划将顶级的参赛球队扩大到 10 支队伍，这既是对女子冰球运动发展的肯定，也是对女子冰球运动发展的助推。该项提议也获得了国际奥委会的批准，并决定在 2022 年北京冬奥会上继续增加两支女子冰球队。在 2018 年平昌冬奥会上，共有 12 支男子冰球队争夺金牌，而女子冰球队只有 8 支。北京冬奥会上的这一举动无疑反映了女子冰球运动的进步和发展。

当然，国际冰联为推动女子冰球运动的发展所做的努力远不止如此，如还开展了女子冰球运动员招募计划、实施女性冰球运动员免费转队等政策。

短期来看，国际冰联的主要目标是为世界各地的女子冰球教练员和运动员提供教育机会，让她/他们发挥所长。国际冰联虽然不能保证在全球范围内开展女子冰球运动，但却可以提供机会，让每个人都能通过研讨会、训练营和导师项目接触到一些最优秀、最有经验的冰球运动员。国际冰联还致力于为冰球实力较弱的国家创造机会，让其通过与冰球强国之间的比赛进行学习。

长远来看，国际冰联不仅为女子冰球运动员提供教育机会，而且积极与女性

---

① MERK M. Women events[EB/OL]. (2017-05-19)[2021-12-03]. https://www.iihf.com/en/events/2019/ww/news/4341/women%E2%80%99s-worlds-grow.

事务委员会及外界合作，旨在增加女子冰球运动的全球关注度。此外，国际冰联还特别关注为 U18 女子冰球运动员创造更多的机会，帮助各国培养下一代优秀的女子冰球运动员，使她们比以往任何一个群体都更有机会获得资源。因此，国际冰联和各成员协会广泛合作，招募年轻女性参加该项运动。

普及女子冰球运动不可能一蹴而就，2022 年北京冬奥会上已经能看到一些积极成果。女子冰球运动的发展趋势逐渐明朗化，如俄罗斯、捷克和斯洛伐克等国家在这方面已经有了较好的经验，正在努力改变人们对女子冰球运动的认识，消除人们对女子冰球运动员的成见。德国的女子冰球运动发展初见成效，特别是自开展了世界女子冰球周末等项目以来，女子冰球运动员的数量在 2017—2018 年度上升了 10%。

近年来，乌克兰通过在国际冰球比赛中招募运动员，从几乎没有女子冰球运动员的局面发展到 193 名运动员，组建了有 5 支女子冰球队的联盟，有望在下一个赛季扩充到 6 支球队。爱沙尼亚也有类似的情况，多年来都没有举办过女子冰球比赛，但是自从开展了世界女子冰球周末项目以来，联赛重新开启，有 4 个城市的 4 支球队参赛。北马其顿虽然只有一名女性冰球运动员，但是她积极参加了国际冰联组织的各种女子冰球比赛，致力于了解如何招募更多的女性冰球运动员，如何组织女子冰球活动，为发展本国女子冰球运动勇敢迈出了第一步。

总之，国际女子冰球运动的发展正在稳步前行。

四、国际冰联组织的女子冰球赛事

国际冰联组织的女子冰球比赛包括：

（1）女子冰球世锦赛（始于 1990 年）；

（2）冬季奥林匹克运动会女子冰球比赛（始于 1998 年）；

（3）欧洲女子冠军杯（始于 2004 年）；

（4）U18 女子冰球世锦赛（始于 2008 年）；

（5）亚洲女子挑战杯赛（始于 2010 年）。

第五章　国际冰球联合会反兴奋剂行动^①

国际冰联认为，使用禁用物质或禁用方法来提高运动表现从根本上来说是错误的，是不符合体育精神的，滥用兴奋剂可能危害运动员的健康，严重损害体育的形象和价值。为了确保体育竞赛的公平和公正，国际冰联承诺打造干净的冰球运动，并签署了世界反兴奋剂机构发布的《世界反兴奋剂条例》（以下简称"《条例》"）。

国际冰联在反兴奋剂方面的使命包括：

（1）保证公平竞争；

（2）保护干净的运动员；

（3）有效进行兴奋剂检查；

（4）与国家反兴奋剂组织（National Anti-Doping Organization，NADO）合作，进行反兴奋剂教育；

（5）鼓励运动员、教练员和医生拒绝使用兴奋剂。

一、违反反兴奋剂规则的行为

兴奋剂是违禁药物。《条例》介绍了以下一种或多种违反反兴奋剂规则的行为。

（1）运动员检测样本中含有禁用物质。

---

① 　IIHF. Anti-Doping[EB/OL]. (2018-09-03)[2021-08-06]. https://www.iihf.com/en/static/5074/anti-doping.

（2）运动员使用或企图使用禁用物质或禁用方法。

（3）运动员接到反兴奋剂检查通知后拒绝进行样品采集。

（4）违反行踪信息管理规定而错过反兴奋剂检查。

（5）篡改或企图篡改兴奋剂管制过程中的任何环节。

（6）持有某种禁用物质或禁用方法。

（7）从事或企图从事任何禁用物质或禁用方法的交易。

（8）使用或企图使用禁用物质或禁用方法。

（9）以任意形式合谋兴奋剂违规事件。

使用禁用物质不仅缺乏职业道德，而且对使用者的健康会造成很大的危害。许多禁用物质都是专门为有特殊身体状况或健康问题的人群而研制的，而不是针对健康人群或运动员研制的。

这些禁用物质的副作用已经过充分调研并记录在案，服用兴奋剂的运动员有时为了提高运动成绩，服用的剂量很大，并且会与其他物质一同服用。除此之外，运动员所服用的禁用物质有些是非法售卖的，有些是未经临床测试过的新药，还有一些可能受到了污染，因此这些禁用物质会对健康造成严重的危害，甚至导致死亡。

目前国际上负责统筹协调反兴奋剂政策的组织是世界反兴奋剂机构。该机构成立于 1999 年，旨在通过科学研究和教育等手段来提高各国的反兴奋剂能力，以及监管《条例》的实施。世界反兴奋剂机构发布了《2025 年禁用清单国际标准》（以下简称"《禁用清单》"，世界反兴奋剂机构每年都会发布《禁用清单》），列出了运动员不能服用的物质和药物名单。

二、国际冰联和国家反兴奋剂组织的合作

国际冰联是《条例》的签署方，在反兴奋剂工作的所有领域都遵循世界反兴奋剂机构的要求，因此国际冰联的成员协会也应遵循《条例》。

为了更好地兑现"干净体育"的承诺，国际冰联在《条例》的基础上发布了《反兴奋剂管理办法》（以下简称"《管理办法》"），为成员协会和冰球运动员、裁判员和教练员等提供更详细的指导。《管理办法》中全面介绍了国际冰联在执行《条例》时对《禁用清单》的解读，治疗用药豁免的执行，兴奋剂检查和调查

要求，冰球赛事中和赛事外的兴奋剂检查规定，样本检查要求和检查结果管理，等等；同时，《国际冰球联合会纪律准则》中也对反兴奋剂管理做出了明确指示，如针对兴奋剂违规事件的具体制裁办法等。

国际冰联也与国家反兴奋剂组织密切合作。国家反兴奋剂组织是每个国家指定的组织，拥有制定和执行国家级反兴奋剂规则、开展反兴奋剂教育、制订兴奋剂检查计划和裁定违反反兴奋剂规则行为的权力和责任。国际冰联和国家反兴奋剂组织互相协调、互相沟通，定期交流上述信息及相关规定。

三、国际冰联的反兴奋剂行动

（一）"绿色冰球行动"

"绿色冰球行动"是由国际冰联和世界反兴奋剂机构共同发起的。传统的冰球一般都是黑色的，而现代冰球之所以是绿色，是因为绿色既表示"干净"的含义，也是世界反兴奋剂机构的代表色。冰球的表面所写的标语为"DOPING IS NOT HOCKEY"，译为"使用兴奋剂不是真正的冰球运动"；同时，这句话还有另外一层含义，"DOPING IS NOT OK"，即"使用兴奋剂是不对的"。

绿色冰球首次使用是在2010年国际冰联举办的冰球世锦赛上，德国队与美国队在比赛前的热身赛中使用了绿色冰球，目的是宣传反兴奋剂。这是国际冰联历史上第一次使用非黑色的冰球，从而开启了国际冰联以反兴奋剂为主题的"绿色冰球行动"。在2010年举办的冰球世锦赛上，芬兰队、丹麦队、瑞士队和拉脱维亚队在热身赛中也相继使用了绿色冰球，比赛场馆多处设有反兴奋剂信息栏，并通过大屏幕反复播放反兴奋剂宣传视频。

"DOPING IS NOT HOCKEY（使用兴奋剂不是真正的冰球运动）"和"DOPING IS OFFSIDE（使用兴奋剂就是越位）"是"绿色冰球行动"的口号。世界各地的杰出冰球运动员、教练员、裁判员等也对"绿色冰球行动"给予了支持，包括兹德诺·哈拉（Zdeno Chara）、彼得·佛斯博格（Peter Forsberg）、韦恩·格雷茨基（Wayne Gretzky）、希尔盖·科斯蒂西恩（Sergei Kostitsyn）、贾里·库里（Jari Kurri）、金·马丁、马克·斯特莱特（Mark Streit）、哈里·维肯海塞尔和亨利克·泽特伯格（Henrik Zetterberg）。他们用不同的语言将"抵制冰球运动员使用兴奋剂"

这一信息传递给世界各国的运动员，鼓励冰球运动员远离禁用物质和禁用方法。

国际冰联是第一批符合《条例》规范的国际体育联合会之一。虽然兴奋剂的使用在冰球比赛中很少见，但是国际冰联从未掉以轻心。有效的预防和良好的体育价值观对创建无兴奋剂的体育文化至关重要，世界反兴奋剂机构也为运动员、教练员、医生和任何其他希望了解更多反兴奋剂知识的人们开发了一系列资源。因此，国际冰联将"绿色冰球行动"打造成了一个教育平台，目标人群为20岁以下的冰球运动员，因为他们最有可能在比赛中首次接触到提高成绩的禁用物质。"绿色冰球行动"旨在让人们认识到使用兴奋剂的危害，在国际冰联的官网上人们可以下载"绿色冰球行动"的宣传手册，并通过链接前往世界反兴奋剂机构在线学习平台，了解与反兴奋剂相关的知识，并获得世界反兴奋剂机构颁发的电子证书。

国际冰联是第一个和世界反兴奋剂机构合作，并将"绿色体育"这一理念融入教育项目中的国际组织。在国际冰联的倡导下，其他国际体育组织不断践行"绿色体育"理念，弘扬"绿色体育"精神。

（二）推广反兴奋剂教育

虽然世界反兴奋剂机构在反兴奋剂教育领域开发了众多教育资源和工具包，但如果没有国际冰联的支持和推广，就不能保证每一名冰球运动员、教练员、裁判员和随队医生都能够了解反兴奋剂的常识和准则。因此，国际冰联积极鼓励冰球运动员、教练员和裁判员等使用下列教育工具。

1.运动员健康和反兴奋剂在线学习项目

运动员健康和反兴奋剂在线学习项目是世界反兴奋剂机构集结了在线学习专家、反兴奋剂专家、运动员和社会学家一起研发出来的在线学习工具。该在线学习项目目前有7种语言的版本，旨在通过一种新的反兴奋剂教育方法，端正运动员的态度，影响他们的行为，并最终实现反兴奋剂教育的目标。该平台不仅提供了许多关于兴奋剂的信息，包括使用兴奋剂的道德危害、健康危害，兴奋剂检查过程，运动员的权利和责任、治疗用药豁免及行踪信息报告等，还会给运动员提供实用的建议，帮助他们抵制使用兴奋剂方面的诱惑，最后通过一系列培养和重塑价值观的活动来加深运动员对反兴奋剂的认识。

2."公平竞争"游戏

世界反兴奋剂组织开发的"公平竞争"游戏是一款互动电脑游戏,用于测试运动员及随行人员掌握的反兴奋剂知识,目前有 36 种语言的版本。世界反兴奋剂机构投入了相当多的资源来开发这款电脑游戏,该游戏已经在冬奥会、冬残奥会和许多重大国际赛事上得到了应用。

3.教练员工具包

教练员工具包是为反兴奋剂组织、教练员和大学提供的反兴奋剂材料,可以直接集中转换成教练员培训课程,也可以在独立的研讨会中使用。

4.随队医生工具包

随队医生工具包既有线下版本也有在线版本。该工具包旨在让随队医生明确其在反兴奋剂方面的具体职责。该工具包包括与主要赛事相关的反兴奋剂政策信息,以供随队医生参考。

5.检举平台

世界反兴奋剂机构发起了一个名为"畅所欲言"的项目,为所有人提供安全的检举平台,任何发现、确认、目睹、知晓或有合理怀疑理由的人都可报告给平台。"畅所欲言"项目团队在情报和调查方面经验丰富,对平台的所有信息都严格保密。

(三)国际冰联的兴奋剂检查工作[1][2]

国际冰联的兴奋剂检查分为赛内兴奋剂检查和赛外兴奋剂检查,目的是随时监测和威慑运动员,保证他们不使用兴奋剂。所有在国际冰联注册的运动员都应随时准备好参加兴奋剂检查。

当国际冰联对运动员进行兴奋剂检查时,会要求运动员提供血液和尿液样本,也会对促红细胞生成素和生长激素等物质进行筛查。兴奋剂检查之前,不会提前告知运动员取样的时间,国际冰联在国家反兴奋剂组织的帮助下,收集运动员的样本之后会在此基础上建立运动员的生物护照,监测运动员的生物标记。

---

[1] IIHF. IIHF registered testing pool[EB/OL].(2019-12-03)[2021-09-13]. https://www.iihf.com/en/static/5511/testing-pool.

[2] IIHF. Anti-Doping[EB/OL]. (2020-03-12)[2021-11-23]. https://www.iihf.com/en/static/5074/anti-doping.

1. 赛内兴奋剂检查

赛内兴奋剂检查一般在冰球世锦赛期间进行。国际冰联对赛内兴奋剂检查的定义为从第一场比赛争球开始前 48 小时到最后一场比赛结束后的 48 小时内进行的兴奋剂检查。每次冰球世锦赛比赛期间，国际冰联都会进行 200～300 起赛内兴奋剂检查，最多的时候能达到 400 多起，并将检查结果公布于众。

2011 年，为了让数据更客观、更全面，国际冰联对兴奋剂检查结果的发布做了改进，不仅公布阳性检测结果（adverse analy-tical finding，AAF）和兴奋剂违规（anti-doing rule violations，ADRV）事件，而且同时公布非典型性结果（atypical findings，ATF），进一步扩大了兴奋剂检查的威慑性。（表 5-1）

表 5-1　2011—2018 赛季国际冰联进行的兴奋剂检查数量和检查结果

赛季 / 年	检测数量 / 份	阳性检测结果（AAF）/ 例	兴奋剂违规（ADRV）/ 次	非典型性结果（ATF）/ 例
2011	371	1	1	9
2012	287	0	0	3
2013	270	3	2	4
2014	240	4	2	0
2015	287	3	0	9
2016	322	1	0	0
2017	305	2	1	0
2018	407	2	1	1

注：阳性检测结果（adverse analytical finding, AAF）是指世界反兴奋剂机构批准或认可的实验室，依照实验室国际标准和相关技术文件，确认样本中有禁用物质或其代谢物、标志物（包括超过标准的内源性物质），或证明使用了禁用方法的检查报告结果。但是阳性检测结果并不一定代表存在兴奋剂违规，有可能运动员申请了治疗用药豁免，也有可能运动员本身代谢系统中就存在某些内源性物质。

2. 赛外兴奋剂检查

赛外兴奋剂检查是指在非比赛期间进行的、不事先通知的、突击性的兴奋剂检查，赛外兴奋剂检查可能在运动员集训所在地进行，也可能在运动员就读的大学进行，还可能在运动员家中进行。之所以要进行赛外兴奋剂检查，是因为如果运动员只在赛内进行检查，那么他们可能会在非比赛期间服用兴奋剂，到赛内兴奋剂检查时这些物质已经被排出体外，但是其带来的增强作用仍然存在。因此，赛外兴奋剂检查能更好地辅助赛内兴奋剂检查，威慑运动员，保证竞赛的公平性。

由于每次赛外兴奋剂检查之前不会提前通知运动员，因此赛外兴奋剂检查会收到出其不意的效果，可防止运动员通过使用掩蔽剂或使用其他人的尿液等方式来掩盖使用禁用物质的痕迹；同时，运动员的行踪信息对能否顺利进行赛外兴奋剂检查至关重要。

国际冰联为了更好地进行反兴奋剂行踪信息管理，建立了国际冰联"注册检查库"。"注册检查库"是一个为了配合国际冰联赛内和赛外兴奋剂检查计划而搭建的高水平运动员信息库，由国际冰联和国家反兴奋剂组织共同建立。"注册检查库"里的运动员需要每个季度向国际冰联提交详细的行踪信息报告，以便在没有提前通知的情况下其也能随时接受兴奋剂检查。当提供行踪信息报告时，运动员应在每天早上 5：00 至晚上 11：00 之间选出一个小时，接受随机兴奋剂检查。

满足以下条件的运动员都要纳入"注册检查库"，每个纳入"注册检查库"的运动员都会收到专门的通知。

（1）国际运动员（国家队和俱乐部中进行国际比赛的运动员）。

（2）属于国际冰联管辖，正处于禁赛期或曾处于禁赛期的运动员。

（3）曾在纳入"注册检查库"期间退役，现在想重归赛场的运动员。

（4）曾与涉嫌兴奋剂违规事件的运动员辅助人员共事的运动员。

（5）根据第三方消息，可能涉嫌兴奋剂违规的运动员。

（6）运动成绩经历巨大提升的运动员。

（7）其他由国际冰联酌情加入"注册检查库"的运动员。

除"注册检查库"，国际冰联还建立了较为全面的赛外反兴奋剂项目，目的是收集运动队的行踪信息。每个运动队指定一名负责人负责上报全队的行踪信息，包括训练日程、比赛日程、训练营安排及运动员个人住址等。

对这些行踪信息的管理保证了在不提前通知运动员的情况下，也能随时开展赛外兴奋剂检查工作。

（四）国际冰联对兴奋剂检测结果的管理①

如果国际冰联收到了阳性检测结果，那么就会通过成员协会向有关运动员递送阳性检测结果的第一份通知，通知里会列出阳性检测结果的细节，并对运动员下达下一步需采取措施的指示。

在收到第一份通知之后，运动员必须向国际冰联说明是否要求重新检查样本 B。国际冰联在每次兴奋剂检查进行样本采集时，都会将同一份样本分装到两个瓶子里进行密封，分别为样本 A 和样本 B。密封的样本会被送到实验室进行分析，实验室分析样本 A，而样本 B 放入冷藏柜，以备之后需要证实样本 A 的检查结果，以及是否要召开临时听证会。除此之外，运动员可以向国际冰联提交任何有关该阳性检测结果的证明文件和（或）证据。

如果运动员向国际冰联申请检查样本 B，那么运动员将会收到第二份通知。在第二份通知中，国际冰联将对运动员做出制裁，制裁结果可能是取消成绩、停赛或禁赛等。运动员既可以就此承认该阳性检测结果，并放弃走纪律审查程序的权利，接受国际冰联做出的制裁和禁赛决定，也可以要求将阳性检测结果案例提交到国际冰联纪律委员会，国际冰联纪律委员会根据《国际冰球联合会纪律准则》做出裁定。

如果运动员承认阳性检测结果，放弃走纪律审查程序的权利，接受国际冰联做出的制裁决定，那么该制裁结果立即生效。

如果运动员要求将阳性检测结果案例提交至国际冰联纪律委员会重新审查，那么就会收到来自国际冰联纪律委员会的通知。通知中要求运动员自收到通知之日起 21 天内提交一份关于阳性检测结果的书面意见，运动员需要说明，是选择召开纪律委员会听证会，还是选择采用书面程序。

纪律委员会听证会在国际冰联苏黎世总部大楼举行，运动员可亲临会议现场或通过视频会议参加听证会。所有的听证会和书面程序都用英语进行交流。

在完成上述所有程序之后，国际冰联纪律委员会将对该检查结果做出最终的裁定。

---

① IIHF. Anti-Doping[EB/OL]. (2020-03-12)[2021-11-23]. https://www.iihf.com/en/static/5074/anti-doping.

第六章　国际冰球联合会的可持续发展[①]

一、国际冰联的可持续发展工作的开展

国际冰联非常重视可持续发展工作，如强调人权、促进气候行动，同时围绕冰球运动开展了一系列可持续发展工作。

（一）《奥林匹克 2020 议程》

2014 年 12 月，国际奥委会在摩纳哥会议上通过了《奥林匹克 2020 议程》[②]，该议程包括 40 项详细建议，总体目标是维护奥林匹克价值观，加强体育在社会中的作用。

《奥林匹克 2020 议程》自 2014 年 12 月通过以来，在各个领域产生了深远的影响。

（1）通过引入变化，促进冬奥会的发展，加强国际奥委会职能，促进奥林匹克运动。

（2）维护奥林匹克价值观。

（3）加强体育的社会作用。

---

① IIHF. IIHF sustainability[EB/OL]. (2021-03-02)[2021-09-03]. https://www.iihf.com/en/static/5116/sustainability.

② Olympics. Olympic Agenda 2020[EB/OL]. (2018-03-02)[2021-09-03]. https://www.olympic.org/olympic-agenda-2020.

（二）《体育促进气候行动框架》

当今世界在经济、社会、环境问题上面临重大挑战。奥林匹克运动有机会也有责任按照其"通过体育建设一个更美好的世界"的愿景，积极参与世界可持续发展的讨论。

在此基础之上，为了呼应《奥林匹克2020议程》，联合国气候变化组织和国际奥委会合作，于2018年12月启动《体育促进气候行动框架》[①]，其目的是制订国际单项体育联合会可持续发展计划，确定共同的主题，同时在国际单项体育联合会成员之间分享有用信息。

该框架的其中一个成果，即案例研究。案例研究说明国际单项体育联合会可以为世界的可持续发展做出积极的贡献。案例研究也展示了各国奥组委的最佳做法，为奥林匹克运动提供战略支持。每个案例研究都与国际奥委会的5个可持续发展重点领域（基础设施和自然场地、采购及资源管理、流动性、劳动力、气候）中的一个或多个相一致。这些案例还与联合国17个可持续发展目标框架中的一个或多个相一致。该框架为各组织提供了一个共同架构，解释如何为可持续发展做出贡献，并应对全球可持续发展带来的挑战。该框架对奥林匹克运动至关重要。2015年9月，联合国大会确认，体育可以在支持联合国《2030年可持续发展议程》及其可持续发展目标方面发挥重要作用。

如今，各种形式的体育运动正日益受到气候变化的威胁，如冬季越来越缺雪、难以预测的热浪、海平面上升等问题严重影响运动员、赛事组织者和观众参与赛事。由于认识到该问题的重要性及体育界共同努力的必要性，超过80个国际单项体育联合会，如登山、马术、足球、高尔夫球、定向运动、赛艇、橄榄球、帆船、滑雪、跆拳道、铁人三项、摔跤等体育联合会都加入了可持续发展项目之中。国际冰联也积极地投身到可持续发展的工作中，并采取了许多行动。

---

① Internatioal Olympic Committee. Sports for climate action[EB/OL]. (2020-08-03)[2021-11-03]. https://stillmed.olympic.org/media/Document%20Library/OlympicOrg/IOC/What-We-Do/celebrate-olympic-games/Sustainability/Case-Studies/2019/SPORTS-FOR-CLIMATE-ACTION.pdf.

（三）《环境与社会责任指南》

国际冰联制定并发布了《环境与社会责任指南》[①]（以下简称"《指南》"），并敦促有关各方按照《指南》要求行事，承担起相应的保护环境的责任和促进社会发展的责任。

（四）《国际冰联可持续发展愿景》

对国际冰联来说，可持续发展比以往任何时候都更为重要。国际冰联也定期与高层管理人员及国际冰联执委会讨论环境及社会议题。为了更好地为可持续发展提供方向和指引，国际冰联出台了《国际冰联可持续发展愿景》[②]。

《国际冰联可持续发展愿景》介绍了国际冰联及其成员协会的许多实践发展案例。各国的冰球协会都在为实现国际冰联的可持续发展目标做出贡献。

二、国际冰联的可持续发展行动

（一）《国际冰联可持续活动手册》

国际冰联社会与环境委员会（Social and Environment Committee）与咨询公司共同制定了一份30页的《国际冰联可持续活动手册》[③]（以下简称"《活动手册》"）。为了举办更具可持续性的比赛，《活动手册》提供了一系列清单、示例和链接，包括交通、废物和垃圾处理、能源、采购和社会包容等方面，确定了组织一场冰球比赛包括哪些步骤。

此外，《活动手册》还介绍了国际冰联通过多种方式和途径，保证服务提供商、主办方和当地社会可以从组织比赛中获益。

国际冰联前主席法赛尔认为，国际冰联及其成员协会、利益相关者、地方组

① IIHF. Environment & Social responsibility guidelines[EB/OL]. (2021-12-30)[2022-02-09]. https://www.iihf.com/en/static/5116/sustainability.

② IIHF. IIHF sustainability vision[EB/OL]. (2021-12-30)[2022-03-09]. https://www.iihf.com/en/static/5116/sustainability.

③ IIHF. IIHF manual for sustainable events[EB/OL]. (2021-12-30)[2022-03-10]. https://www.iihf.com/en/static/5116/sustainability.

织委员会，有责任审查和推荐一些方法，来减少比赛对社会和环境产生的不利影响，同时这些方法不会对运动本身产生负面影响，能够保留比赛所需的安全和竞争标准。此外，国际冰联执委会成员兼国际冰联社会与环境委员会主席格鲁佩（Grupp）女士认为，由于主办方组织比赛需要做大量工作，主办方会在组织比赛本就不易的情况下，还要采取《活动手册》中制定的许多社会和环境保护措施。国际冰联编写该《活动手册》的目的是分析比赛的组织情况，提出增强保护环境意识和促进可持续发展的方法。

《活动手册》通过回答以下 4 个核心问题，介绍了冰球比赛和可持续发展之间的关系。

1. 什么是可持续性

世界环境与发展委员会（World Commission on Environment and Development，WCED）于 1988 年首次提出可持续发展的概念，即"社会的发展既满足当代人的需求，又不对后代人满足其需求能力构成危害的发展方式"。

可持续性有 3 个维度——经济、环境和社会。我们每个人的活动都会对这 3 方面产生影响。因此，国际冰联的可持续发展行动需考虑对这 3 方面的影响，举办赛事同样如此。

2. 为什么体育组织应该参与可持续发展行动

基于我们对可持续发展 3 个维度的理解，奥林匹克运动阐述了体育组织如何为可持续发展做出贡献。奥林匹克运动的既定目标是"鼓励成员发挥作用，积极参与地球的可持续发展"。该目标列出了基本概念和一般概念，以及为实现这一目标所采取的行动。该目标受联合国环境与发展会议（United Nations Conference on Environment and Development）21 世纪议程（Agenda 21）的启发，适合奥林匹克运动。

国际奥委会认识到体育组织参与可持续发展行动的必要性，并提出："国家出台关于环境和体育的方针和政策，应该意识到运动员需要一个健康的环境，以便可以在最佳状态下进行训练和比赛。"

3. 为什么要让赛事更具可持续性

国际冰联每组织一次赛事，都会影响举办国的经济、环境和社会，赛事的组织者可以为世界的可持续发展做出贡献。服务提供商、主办方和当地社会也可以从可持续发展中获益，具体包括以下几个方面。

（1）降低成本——通过提高效率，减少能源消耗，避免浪费当地产品。

（2）提高声誉——通过兑现可持续发展的承诺，来提高自身形象和国际竞争力。

（3）环境创新——通过推广新技术来帮助服务提供商、主办方和当地社会更有效地利用资源。

（4）提高认识——参与者、工作人员、服务提供商、主办方和当地政府可以鼓励大众作出负责任的决定。

（5）社会福利——为当地社会提供就业机会，为服务提供商创造机会，改善赛事组织者的工作条件，并使社会福利成为催化剂，鼓励当地社会进行实践。

（6）在组织内部传播最佳实践案例——许多措施和方法也可以应用于日常赛事的组织管理。

4.如何让冰球比赛更具可持续性

冰球比赛可以对当地社会的可持续发展产生积极的影响，包括东道主的基础设施建设和经济发展。冰球比赛也可以对当地社会的可持续发展产生负面的影响。

为了使冰球比赛更具可持续性，赛事的组织者可以从一开始就制定清单，并确定将要采取的措施。足够的时间，可用的、完善的基础设施规划，能为冰球比赛带来持久的积极影响。冰球比赛的可持续性可以通过以下4个步骤得到改善和提高。

（1）了解利益相关者的需求和期望。了解城市管理者、当地运输组织、赞助商、环保团体的需求和期望，既有助于制定可持续发展策略，寻找解决相关问题的办法，也有助于与利益相关者建立伙伴关系和联盟，推动冰球比赛的可持续发展。

（2）设定目标。为了衡量每一次的进步，国际冰联可以让政府、投资者、其他团体知晓促进可持续发展相关行动收到的效果。如果经常组织同一项赛事活动，那么可以记录其进展情况，并制订长期计划。例如，2010年温哥华冬奥会的目标是零碳足迹，只有目标明确，才能找到实现目标的方法和手段。

（3）检查进度。国际冰联应定期检查冰球比赛的进展情况，确认是否按原计划实现既定目标。

（4）回顾并分享经验。国际冰联公开分享有积极影响的冰球比赛及减少潜在的负面影响。这会使得之前的努力更具有可信度，并会为冰球比赛的积极形象加分。

除此之外，《活动手册》还进一步讨论了一场可持续性的冰球比赛的花销、交通、能源等多个方面的内容，非常值得各成员协会学习和借鉴，以便为全球冰球比赛的可持续发展做出贡献。

（二）国际冰联可持续发展奖

国际冰联每年都会举办可持续发展奖①颁奖典礼，认可成员协会在可持续发展方面所做的工作。评审团由国际冰联社会与环境委员会成员组成，设置一、二、三等奖。2019 年，国际冰联可持续发展奖被国际奥委会定为奥林匹克运动可持续发展研究案例之一。

国际冰联可持续发展奖设立的目的具体如下：

（1）在体育界提高对冰球比赛可持续发展的认识；

（2）向冰球大家庭展示冰球比赛采取的可持续发展行动，以此来激励所有成员协会要积极参与冰球比赛可持续发展行动；

（3）鼓励和支持赛事组织者参与可持续发展项目和倡议。

2019 年，南非冰球协会（South African Ice Hockey Association）的"节约用水"项目获得了当年可持续发展奖第一名。任何想参与该奖项评比的成员协会都可以通过国际冰联官网提出申请。

（三）国际冰联可持续发展行动计划

1. 联合国和国际奥委会《体育促进气候行动框架》

国际冰联是联合国和国际奥委会《体育促进气候行动框架》的第 32 个成员。该框架旨在推动体育产业应对气候变化。

2. 清洁海洋运动

清洁海洋运动于 2017 年 1 月由联合国环境署发起，目的是提高全球对海洋垃圾问题的认识，并采取措施，缩小各国在垃圾管理方面存在的差距。

---

① IIHF. IIHF sustainability award[EB/OL]. (2020-12-15)[2021-09-30]. https://www.iihf.com/en/static/5116/sustainability.

　　在清洁海洋运动的背景下，国际冰联与其他 6 个主要体育组织一起，支持国际奥委会解决全球塑料污染的问题。国际冰联将减少其总部的塑料制品使用并鼓励循环再利用，同时在各国的青少年营地开展以"循环再利用"为主题的培训活动。

第七章　国际冰球联合会普及和推动冰球运动的发展

一、国际冰联普及冰球运动的行动

（一）国际冰联冰球发展训练营

国际冰联冰球发展训练营是国际冰联推出的两大国际训练营之一，另外一个是国际冰联女子高水平训练营[①]，只有国际冰联的成员协会才可以受邀参加这两个训练营。冰球发展训练营是"成员协会扶持计划"的一部分，目的是帮助所有成员协会在现有基础上进一步发展本国的冰球运动，为其提供一个发展冰球运动和接受教育的平台，帮助成员协会高质量地发展国内冰球项目，实现冰球运动的发展目标，并推动冰球运动在国际上的传播和发展。国际冰联冰球发展训练营自1999 年开始实施以来，参与人员既有男子运动员，也有女子运动员。冰球发展训练营为各成员协会提供必要的工具和资源，确保能满足他们持续参加国际冰联冰球世锦赛的最低参赛标准，同时为冰球运动员、教练员、球队经理、装备经理和守门员教练员等制订一系列发展计划，由训练有素、经验丰富的冰球教练员进行指导。国际冰联冰球发展训练营为世界各地培养优秀的冰球人才，并为其提供理论教学和实践机会，让其对国际冰联的各项冰球发展计划有更深入的了解，推动

---

① IIHF. 2019 IIHF camps[EB/OL].(2020-07-24)[2021-08-13]. https://www.iihf.com/en/static/6112/camps.

其各自国家开展冰球训练活动。

　　冰球发展训练营为所有参加训练营的成员协会提供了良好的平台，使其以合作伙伴的关系共同发展冰球运动。对于一些有意愿发展本国冰球运动的成员协会，国际冰联也会提供相应的支持，允许成员协会提出具体要求，选择参加某个或某几个训练营下设的项目，并帮助他们制订国家冰球运动发展计划。

冰球教练员在鼓励年轻运动员

　　冰球发展训练营会将来自不同国家/地区的运动员、教练员等随机组队，营造一种国际化的学习和训练氛围。这是一种独特而新颖的方法，促进参与者之间互相尊重、互相学习。该训练营中也不乏一些明星运动员，如来自斯洛文尼亚的北美职业冰球联盟全明星运动员安泽·科皮塔尔（Anze Kopitar）、来自美国的赛斯·琼斯（Seth Jones）和来自芬兰的 2014 年冰球世青赛金牌得主拉斯穆斯·里斯托莱宁（Rasmus Ristolainen）。

　　该训练营可以为各成员协会的发展指明方向，如为运动员发展、团队教练员发展、团队经理发展、运动器械管理、比赛官员发展、守门员教练员发展等指明方向。为了促进世界冰球运动的发展，该训练营也会制订其他项目计划，如"成员协会领导力发展"项目和"学会游戏"计划项目。这两个项目将在后文进行详细阐述。

　　冰球发展训练营除了向各成员协会介绍国际冰联的各种冰球发展计划，增进各成员协会之间的了解及辅助国家冰球协会更好地推进计划实施以外，还要实现以下目标。

（1）进一步发展国际冰联和各成员协会之间的伙伴关系。

（2）在成员协会中培养未来的冰球人才。

（3）提高各成员协会中冰球人才的技能。

（4）鼓励公平竞争和互相尊重。

（5）为各成员协会提供必要的工具和资源，确保他们达到冰球世锦赛的最低参赛标准。

（6）鼓励各成员协会利用国际冰联的资源发展冰球运动。

（7）为国际冰联的发展计划提供理论基础和实践平台。

（8）提供国际冰联冰球发展项目的实际案例。

（9）在冰球大家庭中建立联络网，共同探讨和解决问题。

（10）改善和促进国际关系。

（11）在各成员协会内部推广冰球发展训练营的内容。

（12）为所有参与者提供个人成长和发展的机会。

（13）为所有参与者提供有趣而愉快的体验。

冰球发展训练营还针对亚洲地区推出了国际冰联亚洲 U18 冰球发展训练营项目，为不同的成员协会量身定制训练内容，帮助它们更好地运营高质量的冰球项目。该训练营也融入了各成员协会扶持计划的内容，辅助各成员协会计划、组织和实施国内冰球发展项目。例如，在中国台北举办的 2014 年国际冰联亚洲 U18 冰球发展训练营的内容就涉及运动员发展、团队教练员发展、装备经理发展、亚洲战略计划以及国家教练员等级认证项目等领域。

（二）国际冰联女子高水平训练营

国际冰联女子高水平训练营[①]是国际冰联的另一个国际训练营，主要目的是通过开展训练营活动，为参加顶级国际女子冰球赛事的运动员提供技能学习和训练的机会，为冰球运动在全球的发展提供高效、有针对性的持续支持。

---

① IIHF. 2019 IIHF camps[EB/OL].(2020-07-24)[2021-08-13]. https://www.iihf.com/en/static/6112/camps.

　　国际冰联鼓励所有成员协会，利用在训练营期间获得的信息和资源改进和提高本国的冰球运动水平，也鼓励参加训练营的运动员在回国之后与同龄人分享经验。

　　国际冰联女子高水平训练营包括运动员（U18 女子运动员）发展计划、力量与体能教练员发展计划、团队教练员发展计划、女子冰球领导力发展计划、世界青年女子冰球周、女子冰球比赛官员发展计划、运动营养学家发展计划等项目，旨在为女子冰球的未来培养人才，为有潜力参加冬奥会的国家培养 18 岁以下的优秀女子冰球运动员，通过各种研讨会提供理论知识，通过冰上活动进行实践训练，提高学员的冰球技术水平；同时，在女子冰球大家庭中建立联络网，为所有参加训练营的女运动员提供个人成长和领导力发展的平台，也为进一步发展国际冰联和各成员协会之间的伙伴关系提供支持。

更衣室的女子冰球运动员

　　2019 年，国际冰联女子高水平训练营在马来西亚吉隆坡开营，印度、印度尼西亚、马来西亚、新加坡等许多参加亚洲挑战杯赛的成员协会都派出代表，共有 69 名女运动员和 11 名教练员参加该训练营。2020 年，该训练营规模不断扩大，有来自 40 多个国家的 300 多人参与活动，这其中不乏全球顶级水平的女子冰球运动员。然而，受疫情影响，原定于 2020 年 7 月在芬兰举行的 2020 年女子高水平训练营不得不推迟到 2021 年夏天举行，代替原计划在同时间举行的冰球发展训练营，为女子冰球运动员、教练员和裁判员等辅助人员备战 2022 年北京冬奥会提供了一个更好的培训平台①。

（三）国际冰联"学会游戏"计划

国际冰联"学会游戏"计划②③的主要目标是为 6 ~ 9 岁的儿童提供良好的冰球体验。该计划认为，这个年龄段的儿童应该基于乐趣来参与冰球运动，学习冰球的基本技能。"学会游戏"计划是国际冰联在全球发展和推广冰球运动的关键措施。如今儿童和青少年可以选择的休闲活动十分丰富，冰球运动需要通过各种活动来展现其独特的魅力。除此之外，各成员协会和俱乐部也应该建立长期的冰球运动员发展模式，保证冰球人才的储备量，这就意味着国际冰联在举办常规招新活动的基础上，还要保证每个初次尝试冰球运动的儿童在第一次踏上冰面时能够获得良好的体验。因此，推出"学会游戏"计划是为了让教练员更好地了解如何制订招新活动计划，如何运营"学会游戏"计划项目，以及如何为第一次上冰的儿童介绍冰球。

为了更好地实施国际冰联"学会游戏"计划，国际冰联发布了《国际冰球联合会"学会游戏"计划手册》，为教练员提供一系列工具，让他们在有趣和安全的环境中向儿童教授冰球运动的基础知识，培养他们对冰球运动的兴趣，帮助各成员协会和俱乐部实现上述目标。

"学会游戏"计划的特点在于，任何致力于为儿童参与冰球运动创造合适环境的人都可以使用该计划提供的工具。例如，在许多国家 / 地区，受气候或场地设施条件的限制，大型冰场并不常见，因此"学会游戏"计划推出了小冰面练习模式，鼓励儿童在较小面积的冰面上进行游戏和运动。研究表明，在这种环境中开始冰球训练的儿童都具有良好的冰球运动技术。

"学会游戏"计划专门为 10 岁以下儿童制定了冰球游戏规则。许多国家经过长期的测试发现，这套规则能够保证儿童在良好的环境中提高冰球运动技能，培

---

① STACES A. 2019 hockey development camp wraps up[EB/OL]. (2019-07-13)[2020-11-14]. https://www.iihf.com/en/news/13371/2019-hockey-development-camp-wraps-up.

② IIHF. Learn to play[EB/OL]. (2020-09-11)[2021-08-13]. https://www.iihf.com/en/statichub/20883/learn-to-play.

③ O'BRIEN D. Back to basics with learn to play manual[EB/OL]. (2020-10-02)[2021-10-03]. https://www.iihf.com/en/news/22611/back-to-basics-with-iihf-learn-to-play-manual.

养冰球运动的兴趣，有利于其身心健康发展。

冰球教练员在指导首次上冰的儿童

除此之外，"学会游戏"计划还对儿童冰球教练员的领导力和教学能力提出了要求：教会他们如何有效地和儿童进行沟通，如何处理儿童在冰球训练中遇到的一些常见问题，如何向初次接触冰球的儿童教授冰球运动基本技能，以及如何制订每节课的训练计划等。

为了保证"学会游戏"计划能够及时获取各成员协会的先进经验，国际冰联经常邀请各成员协会的相关人员参加各类教育项目，如国际冰联冰球发展训练营，确保国际冰联能够不断更新知识库和最佳实践，并进一步把这些信息分享到各国、各地区以及各俱乐部。这类教育项目不仅能够促进各国之间的交流，为参与者提供独特的体验，而且能激发代表们的潜力，使其提出更多新的教育方式。例如，在 2019 年国际冰联冰球发展训练营期间，由超过 25 个国家的代表们负责管理芬兰当地的一支儿童冰球队。他们首先要进行冰球运动招新的讲解培训，努力克服语言上的障碍，力争吸引和招募更多儿童和青少年尝试冰球运动。除此之外，他们还要负责管理芬兰儿童冰球队的一些日常事务，参与青少年冰球培训活动，为初学冰球的学员设计课程方案，制订冰球队的训练计划，培养儿童参与冰球运动的兴趣。通过这些活动，代表们积累了许多知识和经验，为他们回国后发展本国冰球运动奠定了基础。

教练员在教授冰球技术

（四）成员协会领导力发展计划

成员协会领导力发展计划[①②]现由国际冰联青年与青少年发展委员会（IIHF Youth & Junior Development Committee）成员、比利时皇家冰球联合会的约翰·博卢（Johan Bolluue）和史蒂芬·诺里斯（Stephen Norris）共同负责。诺里斯曾在2002—2010年的三届冬奥会期间担任加拿大卡尔加里体育中心的运动生理学教研室和战略规划处主任，在运动员的长期发展和人才培养体系方面是公认的权威专家。

成员协会领导力发展计划主题多样，覆盖面广，包括组织评估、长期发展规划和国内发展计划的制订、预算、反兴奋剂、市场营销、媒体通信和公共关系等。该计划的主要目的是为各成员协会的领导和人事提供评估，优化其开展国内规划的方法和途径。参加该计划的人员一般是各成员协会中推选出来的代表，他们在该计划中进行冰球技能培训和经验交流，为完善和高效运作本国冰球协会的项目积累宝贵经验，提升各成员协会的领导力。在完成训练营的培训之后，参与者回国要分享经验，并将所学知识应用到实践当中去。

---

① IIHF. Camps[EB/OL]. (2020-06-19)[2021-11-10]. https://www.iihf.com/en/static/6112/camps.

② STEISS A. Building an honest game[EB/OL]. (2019-07-09)[2021-10-14]. https://www.iihf.com/en/news/13347/building-an-honest-game.

成员协会领导力发展计划的另一个目的是促进各成员协会之间的联络与合作。成员协会领导力发展计划能为各成员协会提供平台，让他们了解所面临的挑战，并让各成员协会之间互相帮助。因此"包容性"成了该计划的一大亮点，不同国家的代表可以在这个平台上交流和共享经验，推动国际关系的友好发展。对于发展中国家来说，该计划提供的平台尤为重要，因为有些发展中国家的冰球运动刚刚起步，需要吸引更多发展中国家，如阿根廷、马来西亚等国家的冰球协会成员参加，并不断积累经验。

2019年，成员协会领导力发展计划在冰球发展训练营期间开展，采用多元合作的方式，让每个代表都充分参与进来。在此期间，该计划为代表们布置了多样化的任务，如让他们制作一个增进人们对冰球运动了解的视频，制定冰球运动招新的策略，以及准备一份向国际冰联申请发展补助的提案；同时，深入研究每个成员协会在发展冰球运动时遇到的各种问题，并联合所有的代表积极思考，共同提出解决方案。

二、国际冰联推动冰球运动的发展

（一）"冰球发展合作伙伴"项目

随着冰球运动的不断发展，冰球利益相关者之间的互动和关系也在不断发展。虽然国际冰联积极与各成员协会进行沟通，但这种沟通还是变得更加复杂和多样，因此必须加强与国际冰球运动相关的俱乐部、联盟、国家联合会，以及其他利益相关者之间的密切合作，进一步就教练员发展、青年运动员发展和冰球运动发展方面进行交流与合作。在这样的背景下，2018年国际冰联大会推出"冰球发展合作伙伴"项目[1][2]。虽然国际冰联为了推广冰球运动在全球及在各成员协会中已经推出许多项目，但是"冰球发展合作伙伴"项目能够将不同规模的组织都联系在一起形成伙伴关系，这种伙伴关系不仅存在于国家协会的层面上，也会存在于冰

---

① IIHF. Partnership for progress[EB/OL]. (2020-12-14)[2021-10-13]. https://www.iihf.com/en/static/5346/partnership-for-progress.

② MERK M. Partnership for progress[EB/OL]. (2018-06-29)[2021-10-13]. https://www.iihf.com/en/news/7621/partnership-for-progress.

球联赛和俱乐部层面，以便帮助一些国家发展冰球运动。

"冰球发展合作伙伴"项目的总体目标有以下几个。

（1）收集数据、分析数据，提出需要改进的方面。

（2）制定基于实证的适应性策略和计划，促进各利益相关者达成一致，制订总体目标。

（3）设计并执行赛季发展计划和具体项目。

国际冰联在"冰球发展合作伙伴"项目中的职能主要包括提供指导、总体协调、开发战略、测量评估、提供资源和局势分析等，为各方提供交流平台，把利益相关者聚集在一起，促成国际冰联、俱乐部、联盟和成员协会之间的直接合作关系。通过"冰球发展合作伙伴"项目，国际冰联将各领域的专家从较大的成员协会派遣到较小的成员协会，从大型冰球联盟派遣到小型冰球联盟，从规模较大的俱乐部，如东部校际冰球联盟的俱乐部和大陆冰球联赛的俱乐部，派遣到规模较小的俱乐部，并通过组织锦标赛和训练营等活动促进俱乐部之间的交流和学习，促进共同发展。

"冰球发展合作伙伴"项目之所以能够取得一定的成效，主要有以下几点原因。

（1）所有的评估、计划和赛季期间的项目都被统一收集到一个数据库中。

（2）基于项目的总体规划，制定可衡量的阶段目标和关键绩效指标。

（3）可衡量的阶段目标和关键绩效指标将录入数据库中，全程进行监控。

（4）最终的报告、数据分析和情报信息都将从数据库中获得。

（5）数据库中所有信息和报告都在各利益相关者之间互相分享，便于进一步规划。

在2018—2019赛季，作为试点项目，"冰球发展合作伙伴"项目计划在较大和较小的成员协会的冰球机构之间开展，特别是在规模较小的俱乐部层面开展。欧洲冰球俱乐部联盟（European Hockey Club Alliance）在开展该项目过程中扮演了重要的角色。在该试点项目开展之前的全体会议上，有来自11个欧洲国家的80个俱乐部通过投票成为该项目的合作伙伴，旨在帮助发展中国家的冰球俱乐部在该项目中获得知识和灵感。

在2018—2019赛季，国际冰联组织的7个锦标赛期间，共开设了5门国际冰球教育课程，制订了5个成员协会间的合作计划、5个俱乐部间合作交流计划，组织了 5 个国际冰联成员协会评估、战略和长期规划会议及 1 个信息交流会议，共有近 20 个冰球俱乐部和 24 个成员协会参加，其中包括白俄罗斯、比利时、巴西、保加利亚、英国、哈萨克斯坦、荷兰、美国、瑞典等国家。

在实践中指导团队

国际冰球教育课程包含服务多个层级的课程，有从服务运动员到教练员再到管理层的课程，也有从服务不同地区到不同级别再到不同比赛类别的课程，包括教练员发展、冰球运动招新、"学会游戏"计划的管理等。在开展其中两个教育课程期间还额外举办了教练员发展活动，如 2019 年国际冰联女子冰球世锦赛期间举办的女子教练员研讨会，2019 年国际冰联 U20 世锦赛期间与德国冰球协会合作举办的教练员发展计划。

各个成员协会间也开展了合作计划形式多样，如一个国家举办教育课程，其他国家均可参加，或者派出专家开展讲座和举行研讨会，或者进行以交流为目的的实地访问等。

各个俱乐部间也开展了合作交流计划，如较小规模俱乐部的运动员和教练员可以去较大规模的俱乐部进行观摩学习，如斯巴达·布拉格（Sparta Prague）俱乐部就邀请巴尔干地区的青少年运动员和教练员去参观他们的冰球暑期学校，与正在努力发展冰球运动的小型俱乐部分享成功经验。

（二）冰球发展基金项目

国际冰联与瑞士盈方体育传媒公司合作，联合成立和运营着一个名为"冰球发展基金"①的项目。成立这个基金项目的目的是将所有的利益相关者聚集在一起，实现对全球冰球运动发展的持久影响，同时将国际冰联世锦赛作为一个独特的平台，吸引全球的目光。

冰球发展基金项目的目标主要是为具有特定发展需求、需要启动战略计划的项目提供资金支持，让冰球运动实现高质量的发展。冰球发展基金项目的理念是促进冰球运动的发展，包括加强冰球运动对儿童和青少年的吸引力，以及冰球运动对观众的吸引力，保持冰球运动的竞技性和高质量发展，维护全球冰球大家庭的团结。

冰球发展基金项目既可以由单个的国际冰联成员协会提出申请，也可以由多个国际冰联成员协会以小组身份提出申请。此外，国际冰联委员会可以为不在常规经费范围内的特殊项目或计划申请基金，非国际冰联下属的组织也可以为与冰球运动相关的独立项目和计划申请基金（如冰球学术研究等）。

申请冰球发展基金需要符合以下条件。

（1）必须以冰球运动的可持续发展为目标。

（2）必须不同于国际冰联委员会现有发展计划中所涵盖的项目。

（3）必须提交一份明确的项目计划：包括完整的预算、财政资金的详细使用情况，以及项目的时间安排。

（4）必须对国际冰联各成员协会或者冰球运动有益处，必须具有创新性，并且有产生持久影响的潜力。

如果某一项目或计划战略创新和现实意义突出，冰球发展基金项目将对其给予特殊考虑。

冰球发展基金项目自 2016—2017 赛季启动以来，共有 29 个项目得到了经费支持。该项目旨在解决冰球运动各个领域的问题，包括教练员发展、青少年运

---

① IIHF. Growing the game fund[EB/OL]. (2020-08-07)[2021-11-11]. https://www.iihf.com/en/static/20512/growing-the-game-fund.

动员发展、女子冰球运动发展、领导力发展及社会融合等问题，对亚洲、欧洲、大洋洲、非洲和北美洲地区和各成员协会都产生了影响。

（三）国际冰联器材支持计划[①②]

国际冰联器材支持计划于 1994 年发起，主要目标是与供应商形成合作关系，向各成员协会提供冰球器材，帮助其更好地在本国发展冰球运动。

为了实现上述目标，国际冰联成立了一个"供应商资源库"，包括 Bauer、CCM Hockey、Fischer Hockey、Gufex 和 Oakley 等知名冰球护具和冰球服装的供应商。这些供应商为国际冰联器材支持计划提供冰鞋、球杆、运动员入门套装（包括头盔、垫肩、护肘、护腿、防摔裤、手套和护具包）及守门员入门套装（包括戴面罩的头盔、胸部和臂部护具、防摔裤、护腿、护膝、手套和护具包）。这些器材不是用来出售的，而是供应商捐给各成员协会的，目的是为各成员协会推出的冰球入门或初级项目提供支持，有利于促进各个成员协会冰球运动的发展。

想要获得国际冰联器材支持计划的赞助，各个成员协会需要满足特定的标准，如需要说明对获赠器材的需求、这些器材将如何改善本国的冰球运动发展情况等，制订并提交国家冰球发展计划，以及积极参加国际冰联发展项目，特别是"学会游戏"计划。有意参与该计划的成员协会可以联系国际冰联办公室进行申请。

根据国际冰联官网数据，2016—2020 年各大供应商捐赠的冰球器材总价值达 137.81 万美元，每个赛季都有 7 ~ 10 个成员协会获得价值 19 万 ~ 24 万美元的冰球器材支持。2016—2020 年间，国际冰联共协调了 66 次供应商发货，即使当 2020 年新冠疫情席卷全球时，也有 9 个"供应商资源库"成员在积极组织发货。

在 2016—2020 年间（数据统计截至 2020 年 9 月），国际冰联器材支持计划一共赞助了国际冰联 84 个成员协会中的 27 个，包括：亚美尼亚、比利时、波斯尼亚和黑塞哥维那、保加利亚、克罗地亚、捷克、爱沙尼亚、法国、冰岛、印度尼西亚、爱尔兰、吉尔吉斯斯坦、立陶宛、马来西亚、蒙古国、摩洛哥、荷兰、

---

① IIHF. Equipment support[EB/OL]. (2020-09-01)[2021-12-30]. https://www.iihf.com/en/static/20514/equipment-support.

② IIHF. IIHF equipment supplier program[EB/OL]. (2019-03-13)[2021-11-14]. https://www.iihf.com/en/static/5049/iihf-equipment-supplier-program.

新西兰、北马其顿、阿曼、菲律宾、罗马尼亚、塞尔维亚、斯洛文尼亚、西班牙和阿拉伯联合酋长国等。国际冰联器材支持计划对推动上述国家的冰球运动发展具有重要意义。

（四）国际冰联教练员发展框架

国际冰联教练员发展框架^{①②}旨在研究探讨高质量冰球教练员培养和发展方案，为成员协会、教练员培训人员、教练员、管理人员、教育人员和其他相关人员等提供指导。高质量的教练员指导取决于教练员的核心能力、价值观、技能和素质，以及如何在执教中实施计划。虽然国际冰联一直聚焦于运动员发展，但是教练员的专业发展和终身学习不仅是实现高质量教练员培训的关键，也是实现高质量运动员发展的关键。

冰球教练员可以为运动员的职业生涯提供指导。正因如此，国际冰联将协助各个成员协会培养和发展教练员作为优先项目开展；同时，各个成员协会为全力支持本国冰球俱乐部的发展，建立了教练员认证体系，而教练员发展框架有助于建立和完善这些体系和项目。

国际冰联并不打算提供"一刀切"式的教练员培养和发展模式。由于不同的成员协会具有不同的文化特征，国际冰联对政府或国家奥委会等地方当局的要求也不同。因此，在国际冰联教练员发展框架下，国际冰联为各成员协会提供一些解决方案、意见和建议，由每个成员协会根据本国的国情对教练员培养和发展模式予以调整和实践。

因此，国际冰联教练员发展框架旨在实现以下目标。

（1）理解和传播高水平冰球教练员的标准。

（2）为教练员发展提供解决方案、意见和建议。

（3）为各个成员协会在本国开展教练员发展项目提供指导。

（4）为建立教练员认证体系提供指导。

---

① O'BRIEN D. Introducing the coach development framework[EB/OL]. (2020-10-01)[2021-09-13]. https://www.iihf.com/en/news/22607/development-hub-creating-coaches.

② IIHF. IHF coach development framework[EB/OL]. (2019-11-23)[2021-11-23]. https://www.iihf.com/en/statichub/ 20485/coaching.

（5）协助和支持各个成员协会将教练员发展项目纳入国家认证框架中。

（6）支持各个成员协会将冰球教练员培养成全职教练员。

国际冰联认为，每个成员协会在培养教练员的过程中都面临着一系列独特的挑战。这个挑战之所以独特，就在于教练员面对的运动员是不一样的，有些运动员把冰球作为休闲体育活动，这就需要培养他们对冰球运动的兴趣，而有些运动员最终要发展成为高水平运动员，这就需要向他们传授实用的技战术。

现有的冰球教练员群体由志愿者、兼职教练员和全职教练员组成，冰球教练员被认证成为正规职业是未来一项具有挑战性的工作。为了应对这一挑战，在国际冰联教练员发展框架下，国际冰联向各成员协会提供了指导方针，促进冰球教练员在各国成为一种完全受到监管的职业；国际冰联还会与成人教育、职业培训、教育组织机构进行谈判，将冰球教练员纳入职业体系中。然而，在国际卓越教练员协会（International Council for Coaching Excellence，ICCE）的不断支持和推动下，教练员工作已经成为一种被充分认可的职业。

在国际冰联教练员发展框架下，国际冰联的职责并不是要在特定的成员协会中发展冰球运动，而是为所有成员协会提供、生产和分配材料、资源和工具，以支持冰球运动的发展、运动员的招募和成员协会内教练员的发展。换句话说，国际冰联的职责就是"先把老师教好"。

与此同时，各个成员协会要负责开发他们自己的运动员发展计划、教练员发展计划以及赛事官员发展计划等，并根据国际冰联提供的解决方案和指导方针对教练员进行培养。各个成员协会也应就公平竞赛、诚信和反兴奋剂等主题对教练员进行培训，在此期间，各个成员协会可以通过国家奥委会或本国其他相关机构获得教育材料和支持。

在国际冰联教练员发展框架下，教练员的指导和发展始终遵循以下原则。

（1）为运动员提供一个安全且愉快的发展环境。

（2）比起短期的运动表现，更注重运动员的长期发展。

（3）在每次练习和比赛中的执教都应以运动员为中心，并考虑运动员的个人需要。

（4）尊重比赛，遵守公平竞争、诚信竞争、反兴奋剂等规则。

（5）教练员应致力于终身学习。

国际冰联教练员发展框架的愿景是：教练员为运动员提供高质量的指导，为运动员营造愉快的冰球训练氛围，让每名运动员在比赛中发挥出最好的竞技水平，并持续参与冰球运动。

冰球教练员指导运动员

（五）国际冰联和欧盟 Eramus+ 项目联合推出的冰球项目 ①

如果能从正常财政来源以外获得资金支持，那么为发展冰球运动而筹集资金就不那么困难了。欧盟 Eramus+ 项目是欧盟针对青年运动员进行教育和培训的体育项目，目前还有一些冰球项目被划归在这个项目中。

国际冰联和欧盟 Eramus+ 项目联合推出的冰球项目一共有 3 个，分别是欧洲新秀杯锦标赛、全民冰场计划和"冰球发展合作伙伴"（Hockey Partnership for Progress，HPP）项目。该项目开展期限是 2015—2021 年，欧盟 Eramus+ 项目中的资金首次用于促进欧洲巴尔干地区冰球运动的发展。这 3 个项目旨在让巴尔干地区的冰球社区更加紧密地联系在一起，让更多的公众能够接触冰球运动，推动该地区冰球运动的发展。

这 3 个项目是 2011 年夏季在巴尔干地区开展的冰球发展计划的基础上开展的，

---

① MANNINEN H . Beyond borders[EB/OL]. (2019-02-12)[2021-12-22]. https://www.iihf.com/en/news/9410/beyond-borders.

该计划在当时获得了成功，并为国际冰联获得"2012 年度国际体育联合会和平与体育运动奖"做出了突出贡献。虽然当时巴尔干冰球联合会的主要目标是促进巴尔干地区与各国之间的和平和友好关系，但是该计划也为促进各国未来的合作奠定了基础。

1. 欧洲新秀杯锦标赛

第一届欧洲新秀杯锦标赛共有来自 9 个国家的 14 个组织聚集在一起，参加了一系列的青年冰球训练营和锦标赛。来自巴尔干半岛的波斯尼亚和黑塞哥维那、克罗地亚和斯洛文尼亚，以及奥地利、德国、匈牙利和意大利分别派出了 14 ～ 16 岁的青少年混合队参加了欧洲新秀杯锦标赛。

在为期三年的欧洲新秀杯锦标赛比赛期间，赛会组织者为 950 名运动员、75 名教练员和 30 名裁判员举办了 150 场研讨会，研讨会主题包括反对打假球和反兴奋剂等。参加研讨会的运动员、教练员和裁判员都非常活跃，他们积极提出问题，进行讨论，体现了对冰球运动发展的重视。

2. 全民冰场计划

全民冰场计划旨在寻求推广冰上运动的途径和方法，让大众都能够接触到冰球运动。国际冰联认为，任何人想要探索冰球的乐趣，年龄、性别和社会地位等都不应该成为障碍。全民冰场计划的目标是通过各方合作伙伴的自有渠道向公众推广冰球运动。这样一来，参与的俱乐部、组织机构和协会也将从冰球运动的日益普及中受益。

全民冰场计划于 2018 年 1 月推出，于 2018 年 3 月在斯洛文尼亚的马里博尔召开项目启动会议。其中，斯洛文尼亚的鲁道夫·希蒂冰球学院（Akademija Rudolph Hitti）及其形象大使、国际冰联名人堂运动员鲁道夫·希蒂（Rudolph Hitti）在对外联络方面发挥了重要作用，吸引了大量合作伙伴参与该项目。合作伙伴包括丹麦冰球协会（Danish Ice Hockey Association, DIU）、欧洲休闲运动联合会及退伍军人协会（European Federation of Recreational and Veterans Association, EUROHA）、HDK Maribor 冰球俱乐部（斯洛文尼亚）、IFK Stavanger 俱乐部（挪威）、欧洲体育和医学协会（European Association of Sports and Medicine Associations, EFSMA），以及保加利亚国家体育学院俱乐部（National Sports Academy Club）。

全民冰场计划遵循"欧盟身体活动指导方针"中为儿童提出的 60 分钟休闲或

体育活动的建议，特别重视与学校和教育机构开展有针对性的合作，通过为有组织的冰上运动开放日提供指导服务、开放冰球练习课、补贴运动设备、降低入门成本等方式，让更多的儿童参与到冰球运动中来。

全民冰场计划一经推出，参与的人数就超出了预期，在斯洛文尼亚布莱德小镇开展的第一项活动中，就有 90 名儿童、45 名青少年以及 35 名成人参加。该计划实施仅 4 个月后，在 2018 年 5 月哥本哈根召开的专家会议上，就有多个国际冰联成员协会表达了参与实施该计划的意向，这些成员协会包括塞尔维亚、克罗地亚、波斯尼亚和黑塞哥维那、卢森堡、比利时、西班牙、立陶宛、拉脱维亚和爱沙尼亚等。

冰场上的小朋友

3. "冰球发展合作伙伴" 项目

"冰球发展合作伙伴" 项目由国际冰联和欧盟 Eramus+ 项目联合推出。这一发展倡议是在 2018 年国际冰联年度大会上首次提出的，旨在将规模大小不一的组织机构聚集在一起，使成员协会、联盟和俱乐部之间通过 36 个月的合作形成伙伴关系。

"冰球发展合作伙伴" 项目的发起理念是：每个体育组织的成功都取决于其管理能力——包括计划、组织、领导、监督和对关键进程进行微调的能力。例如，组织者要在管理中意识到，在教练员发展上需要分配更多的资金，这样有助于开展更安全、更有吸引力的青年冰球项目，吸引更多的人参与冰球运动。只有吸引更多的人参与冰球运动，才能保证有更充足的冰球预备人才，运动员之间和俱乐部之间的竞争才会更加激烈，比赛才会变得更加精彩，国家队才会变得更加强大，才会吸引更多的球迷观看、媒体报道和赞助商投资，才会进一步促进运动员的发展。"冰球发展合作伙伴"项目旨在通过各个成员协会之间的合作，充分交流和分享经验，发展组织管理能力。

在此倡议下，巴尔干地区有 5 个成员协会已经形成伙伴关系，斯洛文尼亚冰球协会是"冰球发展合作伙伴"项目的协调员，旨在将波斯尼亚和黑塞哥维那、克罗地亚、北马其顿和塞尔维亚的合作提升到一个新的水平，并将重点放在提高各级别赛事的组织与管理水平上。该地区的"冰球发展合作伙伴"项目于2019 年 1 月启动，来自斯洛文尼亚冰球协会的洛克・司诺吉（Locke Snooki）担任了这一项目的负责人。该项目还发展了两个专家合作伙伴，分别是芬兰体育研究所（Finland Institute of Sport）和奥地利冰球协会（Austrian Ice Hockey Association）。巴尔干地区的 5 个成员协会和上述两个专家合作伙伴于 2019 年2 月在卢布尔雅那大学（University of Ljubljana）召开冰球善治研讨会（Good Governance Seminar），为促进该项目的发展打下良好的基础。上述 5 个成员协会在合作方面表现积极，如成立了国际冰球联盟，其中包括克罗地亚、塞尔维亚和斯洛文尼亚的球队。长期以来，该地区资源匮乏导致冰球运动发展迟缓，因此需要有抱负的年轻一代体育管理者注入新思想。

（六）国际冰联发展中心 [1]

国际冰联的使命是：在世界范围内管理、发展、促进涵盖所有运动形式和所有年龄阶段的男女冰球运动，同时促进教练员和官员的发展。国际冰联在全球发展冰球运动的方法有：支持成员协会在其国家发展冰球运动；国际冰联发展中心为各个成员协会、俱乐部、其他利益相关者提供资源发展教育项目。但是，我们应看到，仅靠这些资源是不够的，这些资源将用于有计划和有组织的项目中，全面帮助人们发挥能力和潜力，履行职责。

国际冰联发展中心为了推动冰球运动所做的努力具体如下。

---

[1]　IIHF. Development[EB/OL]. (2019-03-23)[2021-11-03]. https://www.iihf.com/en/statichub/4625/development.

1. 招募运动员 [1]

国际冰联发展中心为青少年冰球爱好者准备了入门手册，将冰球运动描述为一项令人兴奋的，建立在技巧、速度、纪律、团队合作基础之上的团队运动；同时，冰球运动又是一项观赏性很强的运动，当然，参与其中的感觉会更好。

该入门手册除了向目标读者介绍冰球运动的基本情况外，还在积极鼓励青少年参与其中。参与冰球运动能够提高青少年的协调性、灵敏性和力量素质，并在比赛中学习新技能，同时参与冰球运动能够培养青少年自信、自尊的个人品质和团结合作的体育精神。

该入门手册强调，青少年会在一个积极、健康、安全的环境中享受无穷的乐趣，他们可以遇见同龄人；该入门手册还强调，参与冰球运动最好的途径是找到并联系所在地区的成员协会。

2. 国际冰联《学会打冰球》系列手册 [2]

国际冰联《学会打冰球》系列手册介绍了各种信息，包括领导能力、训练基础、教学、学习、组织、计划、比赛规则等内容。

3. 教练员执教 [3]

高水平的执教依赖于教练员的核心能力、价值观、技能、素质，以及在执教过程中采用的方法。教练员的专业发展和持续学习是体现其执教能力的关键。

任何人都可以在国际冰联教练员发展框架中找到适用于教练员、管理人员的最佳原则，发现能够指导不同人群专业发展的材料、课程等教育资源和发展机会。

4. 国内发展项目

国际冰联的任务是在全球范围内发展冰球运动。然而，国际冰联除非在各成员协会的国家开展工作，否则这项任务是很难完成的。国内发展项目是指成员协会在全国范围内推广或发展冰球运动。国际冰联为各成员协会提供了一系列工具、资源和各方面支持来帮助其完成这项任务。例如，国际冰联国家协会评估与发展

---

[1]　IIHF. Player recruitment[EB/OL]. (2020-01-03)[2021-12-20]. https://www.iihf.com/en/static/20504/player-recruitment.

[2]　IIHF. Learn to play[EB/OL]. (2020-09-11)[2021-08-13]. https://www.iihf.com/en/statichub/20883/learn-to-play.

[3]　IIHF. Coaching[EB/OL]. (2019-11-23)[2021-11-23]. https://www.iihf.com/en/statichub/20485/coaching.

项目由 3 部分组成：国家协会组织评估、国家协会长期发展规划、国家协会国内发展规划。这 3 部分确保各成员协会在国内发展项目中的连续性、可持续性和成本效益。

国家协会组织评估是对各成员协会现状的一项综合分析，即显示成员协会哪些方面运作良好并提出哪些方面需要改进。评估的目的是确定优先事项，然后为各成员协会制订长期发展规划提供依据。只有对当前形势做出准确评估，才能制订长期有效的发展规划。

国家协会长期发展规划将确保所有的行动、投资、倡议是与现实相关的，并能够解决各成员协会的具体需要。国家协会长期发展规划也明确了各成员协会及其俱乐部、国际冰联的作用和责任。

国家协会国内发展规划是阶段性的发展规划。国家协会国内发展规划往往与多国援助机构，尤其是参与国际援助基金会联系在一起，这样该规划项目执行人员就可以接受来自国际援助基金会的支援。国家协会国内发展规划可以从国际冰联获得财政补贴，能够为各成员协会承担 50% 的费用，但承担的费用不得超过一定限额。

国家协会国内发展规划自 2013—2014 赛季成立以来，得到了国际冰联的大力支持（在世界各地已有超过 120 个项目）。这已经为许多领域，如招聘、教练员发展、青少年冰球运动员发展、学校冰球运动发展计划、女子冰球运动发展、裁判员培训等解决了存在的问题。

（七）《国际冰联运动员发展指南》

1. 基本信息

《国际冰联运动员发展指南》[①]（以下简称"《指南》"）是国际冰联专门为冰球运动员编写的一本指南，旨在为各成员协会及其俱乐部提供必要的资源和指导，运行冰球运动员发展计划，创建或是加强现有的冰球运动员长期发展模式和途径。

《指南》认为，冰球运动员发展路径包括 3 个阶段。

---

① IIHF. Player development guide[EB/OL]. (2020-11-11)[2021-10-09]. https://www.iihf.com/en/statichub/19981/player-development-guide.

（1）起始阶段。冰球运动员的职业生涯会有不同的起点，有些冰球运动员可能在 4 岁左右开始打冰球，有些冰球运动员在 35 岁甚至 55 岁时才开始打冰球。不论年龄大小，对于初学者来说，起始阶段的目标是：获得愉快的体验，学习比赛的基本技能。

（2）坚持阶段。《指南》希望参与者能够终身参与冰球运动，包括成为具有进阶到中级和高级水平潜力的冰球运动员。冰球运动员既可以选择继续保持业余运动员的状态，也可以尝试往更高级别的方向发展，为转型成为为职业运动员做准备。这意味着训练环境需要满足每名冰球运动员的发展需要。

在国际比赛中取得优异成绩的职业运动员，在职业生涯结束后都会选择回到坚持阶段，继续参加业余水平的冰球运动。

（3）成功阶段。成功阶段的冰球运动员会参加高级别的专业比赛和具有国际水平的冰球比赛。只有极少数冰球运动员能够进入成功阶段。

因为在每个年龄层的冰球运动员将表现出不同的技能水平，所以《指南》不是简单地以年龄为中心进行划分的，而是专注于发展每个年龄层冰球运动员的技能水平。技能水平通常包含以下 4 个阶段。

（1）初级阶段。初级阶段通常是指年龄在 10 周岁以下的冰球运动员。该阶段更多强调参与，并需要通过有趣的比赛和训练，来学习冰球运动的基本动作和冰球技巧。

（2）中级阶段。中级阶段通常是指年龄在 14 周岁以下的冰球运动员。该阶段强调参与和运动表现，仍然注重激发冰球运动员的兴趣，同时增加冰球运动的技战术训练。

（3）高级阶段。高级阶段通常是指年龄在 18 周岁以下的冰球运动员。该阶段更多强调运动表现，注重冰球运动员的专项训练，并辅以精心规划和设计的陆地训练。

（4）精英阶段。精英阶段通常是指年龄在 20 周岁或以上的运动员（"年龄开放"的职业运动员）。其可以参加精英级别的比赛。国际冰联负责指导冰球运动员在精英级别的发展，冰球运动员的发展由职业俱乐部和国家队负责。

《指南》不是一套规则或规定，而是指导方针，用以支持冰球运动员的发展，以充分发挥其潜力。根据国际冰联的这一指导方针，冰球运动员将获得全面发展。

在初级阶段，《指南》优先考虑举办有趣且具有挑战性的比赛，通过比赛和游戏来激发参与者对冰球运动的兴趣。随着国际竞技体育的不断发展，《指南》逐渐引入更具竞争性的比赛元素，同时强调快乐参与的重要性。

《指南》为冰球运动员的发展奠定了基础。其最大的好处是：可以直接用于制订运动员招募计划，以及培训教练员和管理人员。

冰球运动员的竞争结构反映了冰球运动的发展水平，因此，冰球运动员在高级阶段的竞争就变得越来越重要，这样的竞争结构最终会逐步转变为职业联赛、锦标赛和冬奥会。

由于许多国家（如加拿大、捷克、芬兰、瑞典、美国）的冰球协会都为《指南》的撰写提供了素材，因此该指南兼具知识性和实用性。

2. 身体发育

《指南》鼓励教练员为儿童、青少年、年轻人创建适合他 / 她们发展的培训项目，并在整个发展阶段逐一实现培训目标。《指南》中有关身体发育的内容会为教练员提供信息和指导，帮助他们制订促进身体发育的训练计划。

发育是指人体随着年龄的增长，各器官系统的功能不断分化和完善，心理、智力持续发展，运动技能不断获得和提高的过程。冰球运动员的身体发育是指冰球运动员在成长过程中由于体型和体重的改变而产生的身体变化。冰球运动员在身体发育过程中，需要发展轻松且熟练地进行体育活动的能力和力量素质，因为力量素质的发展支撑着其基本动作技能和其他身体素质的发展。

身体发育所涉及的领域包括训练规划、身体素质的发展、减少过度训练和比赛对身体造成的伤害、个性化训练等内容，可为教练员、冰球运动员父母和其他参与冰球运动发展的人员提供帮助。

3. 营养的补充

健康的食物将支持冰球运动员的发展，当他 / 她们成长为成熟的运动员时，保持良好的营养和饮食习惯能够极大地提高其运动的能力，使其运动表现更好。

冰球运动员要做到这一点，须在家里准备健康的餐点和零食，做到健康饮食习惯的养成。这往往是家长的任务，尤其是初级阶段的冰球运动员（处于中级阶段和高级阶段的冰球运动员也是如此）；同时，教练员、球队工作人员、俱乐部工作人员需要创造一种环境，在这种环境中提倡养成健康饮食的习惯，并与冰球运动员分享有关营养的相关知识。

健康的饮食习惯将确保运动员获得必需的营养和足够的能量，来保持一天的活力。例如，《指南》中提到，每一顿健康的膳食都应该包含必需的营养，如水、蛋白质、脂肪、碳水化合物、纤维素、矿物质、膳食纤维等。人体需要大量营养素、微量元素和矿物质来维持身体各项功能的正常运转，如血液凝结、血压调节、肌肉功能、骨骼和牙齿健康、皮肤健康、免疫系统和神经系统运作、大脑活动等；同时，避免摄入含有添加糖、饱和脂肪酸、反式脂肪酸的食物。

当然，随着冰球运动员年龄的增长，对营养的需求也会改变。具体内容都可以在《指南》中找到相关建议。

4. 幸福的生活方式

《指南》向运动员及父母、教练员提供了有关健康生活习惯和生活方式的信息。健康是指机体没有疾病和虚弱的状态，包括躯体健康、心理健康、社会适应良好和道德良好4个方面。为了提高冰球运动员的健康水平，当运动员在家中、球队、学校或工作单位，以及和朋友在一起时，须养成健康的生活习惯和拥有良好的生活方式。

当冰球运动员能够平衡学校、朋友、家庭和工作的关系时，总体幸福感和生活质量就会得到提升。对儿童幸福感的研究指出，人际关系、自我、生活和游戏的环境是决定儿童幸福感的重要因素。

打冰球的孩子

如果教练员强调不惜一切代价赢得比赛，忽视个别运动员，偏袒少数运动员，给予负面反馈时，就会对冰球运动员的身体造成伤害。如果教练员过分强调运动员的表现，而不关注运动员的发展，那么运动员的幸福感就会降低。

《指南》提倡，要培养以冰球运动员为中心的教练员，让运动员在充满挑战的环境中成长，要强调冰球运动员的个人发展，冰球运动员可以从教练员那里得到支持和积极的反馈。根据国际冰联提供的训练大纲，在训练过程中，教练员要让冰球运动员适当地发展新技能，以适应更高要求和更具挑战性的训练。

5. 家长

《指南》中为家长和孩子（直到 18 周岁进入高级阶段）提供了相关信息，包括冰球、体育活动、多项运动参与、睡眠、恢复、安全等信息，以及如何更好地支持孩子参与冰球和许多其他的相关话题。

孩子对于为何愿意参与冰球运动给出了自己的理由，这里列出以下几条供家长们参考。

（1）享受冰球运动。

（2）提高自身的感受能力。

（3）学习新技能。

（4）结交新朋友。

（5）和朋友创造美好回忆。

（6）获得经验。

《指南》提到，有许多方法可以帮助父母支持孩子参与冰球运动，但不幸的是，也有许多情况会让孩子们的冰球体验变得不那么愉快。家长应该努力为孩子创造积极的冰球体验，具体方法如下。

（1）强调实践和比赛的乐趣。

（2）不强调获胜。

（3）让孩子决定他/她们想参与什么样的运动，让他/她们在感到舒服的状态下参加运动（如是游戏，还是更具竞争力的比赛），家长应该支持和鼓励孩子的努力而不是批评他们的错误。

（4）肯定孩子在每次冰球体验活动中的良好发挥，并为他/她们的表现欢呼、喝彩，而不是对孩子们大喊大叫。

（5）注重积极的比赛。

（6）鼓励孩子按规则进行比赛，尊重裁判员和教练员的决定。

此外，《指南》中还非常贴心地为家长提出了6条公平竞争的黄金原则，具体如下。

（1）永远尊重和支持裁判员和教练员的决定。

（2）鼓励孩子遵守规则，尊重他/她们的队友、对手、教练员和裁判员。

（3）在任何时候都要表现出正确的个人行为，永远树立一个好榜样。

（4）为孩子们每次的努力付出、积极比赛、良好的表现鼓掌，无论其来自哪支球队的哪名冰球运动员。

（5）家长应让自己的孩子知道，努力和参与比胜利更重要，家长要鼓励孩子从错误中学习。

（6）支持一切消除言语和身体伤害的努力。

6. 训练和比赛规划

任何训练和比赛都需要合理的规划。训练计划和团队活动的目的是创造一个以运动员为中心的环境，以发展运动员技能和增加比赛乐趣为目标。根据训练计划，为培养冰球运动员的体育精神创造条件，将受伤的风险降到最低，从而为实现团队目标而努力。

"计划—行动—回顾"是《指南》中建议的一种训练模式，对于教练员来说，可以更清楚地了解每节训练课的训练内容，采用这种训练模式有什么作用，以及下一节训练课可能会有哪些变化。

针对"计划—行动—回顾"训练模式，教练员应考虑以下几点：长期规划是训练过程的重要一环，将为运动员在未来主要比赛中的预期表现和预期结果提供重要参考。

赛季计划是指贯穿整个冰球赛季的计划。训练和比赛的关键是不仅要有计划，而且要灵活，即在整个赛季可以根据比赛情况自由做出调整。

对于优秀的教练员来说，完成计划是一个永无止境的过程。教练员既要对整个赛季制订总体规划，也要通过多种方式对总体规划进行评估，如对团队和冰球运动员做出承诺、定期回顾，通过向冰球运动员展示总体规划的进展情况来激励他们等。

制订赛季计划还可以让教练员获得冰球运动员和家长的信任，表明教练员是以专业的方式进行训练的。

赛季计划实践的步骤同样重要。《指南》中提到，教练员有效地利用训练时间需遵循以下 4 个步骤。

（1）设定冰球训练的总体目标。

（2）制定具体的、可实现的、可衡量的目标。

（3）进行有效的训练实践活动。

（4）考虑冰球运动员的心理状态。

7. 行为标准

《指南》中提到，一切都是为了使冰球运动员获得较好的发展，最重要的是为冰球运动员营造一个安全的训练环境，提高他 / 她们的幸福感，并为他 / 她们提供愉快的冰球体验。

互相尊重是冰球运动中最重要的价值观之一，这一价值观应该体现在所有参与者的日常行为中。作为一名冰球运动员，要对自己的行为负责，且所有人都要互相尊重；同时，《指南》提供了可以在世界各地使用的行为标准的例子，人们可以直接拿来使用，或简单调整以适应当地的风土人情。

8. 小场地比赛创新

在 2019—2020 赛季，芬兰和瑞典联合开展了一项比赛形式分析的研究。该研究的目的是改变比赛形式对运动员行动的影响。《指南》对研究结果进行了简单的汇总：研究总共分析了 25 种不同的比赛形式，即比赛人数从 2 对 2 到 5 对 5（男、女、U18 ~ U14）、比赛场地在 1/8 的冰面和全场比赛等形式。结果表明，冰球运动员的数量和比赛场地的大小对其在比赛过程中的活动有一定的影响。每次轮换后，随着场上人数的减少，动作数量、比赛强度、流畅度以及每名冰球运动员在比赛中的整体参与度会有所增加。当然，这也意味着每名冰球运动员的总活动量会随着冰球运动员数量的减少而增加。

较小尺寸的比赛场地对动作数量、问题解决、决策、技术、冰球运动员的整体参与度都有积极的影响。例如，在 2 对 2 和 3 对 3 比赛中，每名冰球运动员都很活跃。对能力较强的冰球运动员来说，小场地更具有挑战性；对能力较弱的冰球运动员来说，小场地能更多地接触到冰球，可以采取更多的行动。

据统计，1/3 小场地和标准场地的比较：射门和有射门意图次数增加了 5 倍，传球和有传球意图次数增加了 2.5 倍，接球次数增加了 1.4 倍。

研究表明，为了促进冰球运动员的发展，在训练中可以采用不同的比赛形式，具体如下。

（1）2 对 2，1/4 场地。

（2）2 对 2，1/8 场地。

（3）2 对 2，3 对 3，1/2 场地。

（4）2 对 2，3 对 3，1/6 场地。

（5）3 对 3，1/4 场地。

传统的 5 对 5 比赛形式似乎是最不利于冰球运动员参与且不利于优化比赛时间的比赛形式。

教练员在制订训练计划和执行训练计划时起着至关重要的作用，其可通过不断变化训练场地来促进冰球运动员的发展，并根据冰球运动员的需求调整训练计划。

第八章　国际冰球联合会的抗疫路线图①

　　2020 年，新冠疫情席卷全球，国际冰联的大多数成员协会因此被迫中止比赛。这场疫情对每个国家/地区的影响不尽相同。当各国政府、卫生部门和体育部门都在密切合作时，国际冰联也在积极行动，联合各方力量和资源，旨在为各成员协会以及各冰球组织提供有效的建议和指导。

　　首先，国际冰联规定各成员协会、联盟和俱乐部都应遵循当地公共卫生机构的一般建议和指导方针，根据本地区情况和目标群体的需求制定防疫战略。在制定防疫战略的过程中，应得到公共卫生专家或传染病领域专家的协助，确保能满足当地人民的需求。每个俱乐部或训练队都应指定一名防疫人员，确保防疫规则和建议得到遵守，跟踪政府网站和防疫指导方针的实时更新情况。

　　其次，国际冰联要求各成员协会、联盟和俱乐部将制定的防疫战略和规则传达给组织中的每一个人，对每一个防疫负责人员和组织成员进行培训，告知他们接下来将会发生什么，在不同情况下应采取什么措施。

　　最后，国际冰联医疗委员会积极制定和开发了防疫路线图和工具，分享各国防疫的成功经验，帮助和指导各成员协会渡过难关。国际冰联的抗疫路线图包括以下 4 个阶段。

---

　　① IIHF. Roadmap to safe ice hockey[EB/OL]. (2019-12-30)[2021-11-22]. https://www.iihf.com/en/static/19590/roadmap-to-safe-ice-hockey.

一、第一阶段：封锁期

在封锁期内，不应组织任何体育活动。运动员既可以居家锻炼或者在户外单独进行力量训练和技能训练，也可以通过在线直播和视频会议等方式进行远程集体训练。该阶段要重点关注运动员的心理健康，帮助他们缓解压力。居家期间，运动员训练量降低，卡路里消耗也会减少；同时，一些运动员可能会由于道路封锁而买不到常用食材，所以教练员应关注运动员的营养问题，提出膳食搭配的建议，保证运动员营养均衡、睡眠充足。

二、第二阶段：回归训练

该阶段可以根据当地公共卫生部门的指导方针有组织地进行规模较小的训练，训练应在指定的防疫人员的监督下进行（通过视频远程监督亦可），参加训练的人数应根据当地防疫政策来决定。在此期间，训练场地不应向公众开放，只能由冰球运动队的队员使用，每场训练结束后应留出充足的时间进行消毒，再进行下一场训练。参加训练的运动员应尽量避免乘坐公共交通出行，在来去训练场所的路上应佩戴口罩、使用手部消毒液等防护物品，每日训练之前需执行测温制度，定期进行筛查抽检，如发现有身体不适的运动员，则根据当地防疫要求及时隔离。

在此阶段，训练时间最长不宜超过 60 分钟。训练期间，应时刻保持至少 2 米的社交距离，严格保持手部卫生。优化在训练场所的行动路径，尽量不使用更衣室，而应在公共区域间隔放置椅子，以供运动员放置护具和休息。冰球训练场所不再提供淋浴，鼓励运动员在家洗澡。运动员应避免互相握手，不应混用水壶、毛巾等个人物品，鼓励运动员给自己的物品贴上名签。训练之后，运动员应立即离开训练场地，并由工作人员对经常接触到的物品表面和运动设备立即进行消毒。有感染风险的运动员不应回归训练，建议出现不适症状的运动员不要入场，应立即就医。

同一场馆内的不同冰场应开放单独的出入口，限制训练人员以外的人员入场。不同训练场次之间应增加工作人员对场所消毒的频率，每次训练后对运动员的个人护具也要进行消毒处理。

三、第三阶段：集体训练

该阶段不应组织常规的集体训练，训练中仍然应保持社交距离，训练形式也应进行相应的调整，如比赛时将每队上场人数减少为 5 人、4 人或者 3 人。训练期间应告诫运动员，安全防护总比事后后悔要好，应定期彻底地进行手部清洁，遵守咳嗽和打喷嚏的礼仪，如果感觉不舒服，应留在家中或及时就医。训练时要避免身体接触和冲撞，在冰上训练时要保持社交距离，最好进行全面部防护，使用护目镜。运动员在更衣室也应保持社交距离，或者使用多个更衣室以保持社交距离。

四、第四阶段：回归比赛

该阶段可以根据国家 / 地区和当地社区的法律、指导方针和建议恢复联赛和比赛。由于冰球是有身体接触的集体项目，风险仍然很高，需使用世界卫生组织（World Health Organization, WHO）开发的聚集性活动风险评估工具在比赛之前进行风险评估，制订紧急行动计划和隔离方案；考虑进行零观众比赛，切断传播途径，全面控制传染源。在比赛中，冰球运动员应用戴着手套的拳头或肘部碰撞，来代替握手和进球时的庆祝。

同时，国际冰联考虑到各国情况不一，实施上述阶段的时间点可能也会有所不同，因此建议各成员协会根据各国和各地区的公共卫生指南、政策和程序调整比赛时间。也就是说，只有经过国家公共卫生部门和政府的批准，才能真正从一个阶段过渡到另一个阶段，应充分考虑地理区域、疫情发展趋势、地方限制、人群免疫力水平、冰球运动员年龄以及参与者健康风险等多重因素。

除了上述路线图以外，国际冰联还发布了基本的冰球安全运行指南，为各成员协会和球队提出建议和要求，不惜一切代价保护运动员的身体健康和生命安全。该指南中不仅列出了针对新冠病毒的有关防疫措施和规定，也列出了其他常见流行病的防控要求。

第九章　国际冰球运动名人轶事①

冰球比赛历来都以其自身的魅力和速度吸引着观众，那么哪些比赛可以入选21世纪最佳比赛的前十名呢？以下比赛都因有着不可思议的过人之处而上榜，如有些比赛精彩纷呈，有些比赛是因为球队在比赛中出现了巨大失利，而有些比赛则是球队在比赛中出现巨大失利后能够东山再起等。

一、国际冰球比赛大事记

（一）第十名：2014年冬奥会女子冰球夺金之战（加拿大队 VS 美国队）

加拿大和美国一直是两个势均力敌的女子冰球超级大国，曾在冰球比赛中轮流夺冠。2014年冬奥会，加拿大队以戏剧性的方式获得金牌，这也是加拿大队在索契冬奥会上获得的又一枚金牌。在比赛过程中，加拿大队在用一名运动员替换掉守门员的情况下，一记远射击中了球门门柱，在还剩不到1分钟的时候追平了比分，并在加时赛中以2：1战胜美国队，夺得了2014年冬奥会女子冰球比赛的冠军。

（二）第九名：1972年巅峰系列赛第一场比赛（苏联队 VS 加拿大队）

1972年，巅峰系列赛第一场比赛是加拿大冰球比赛历史上最痛苦的比赛之一。此前苏联队在国际冰球比赛中一直占据统治地位，但他们与职业运动员对阵的比赛并不多。以至于赛后头条新闻铺天盖地地写着："我们输了！"过度自信、身体状况不佳的加拿大全明星队受到了身体强健、技术精湛的苏联队的伏击。在后

---

① ESKENAZI G. Ice hockey[EB/OL]. (2025-04-06)[2025-04-20]. https://www.britannica.com/sports/ice-hockey.

来与北美职业冰球联盟运动员对战中，苏联队实力不俗。

冰球对决

（三）第八名：1998 年冬奥会半决赛（捷克队 VS 加拿大队）

在 1998 年日本长野冬奥会上，加拿大队与捷克队的比赛是加拿大队的又一次惨痛经历。当时的捷克队面临着巨大的压力，因为这是 1998 年冬奥会第一次允许北美职业冰球联盟职业运动员参加比赛，参赛名单上遍布超级明星，包括乔·萨克奇（Joe Sakic）、史蒂夫·伊泽曼（Steve Yzerman）、韦恩·格雷茨基（Wayne Gretzky）。该场比赛，捷克队的伊泽曼击败了比他强壮得多的加拿大队冰球运动员。在点球大战中捷克队守门员多米尼克·哈塞克（Dominik Hasek）展现出超人的技术，完全压制住了对手，阻止了对手所有的 5 次射门，将捷克队带向冠军领奖台。赛后加拿大队的格雷茨基流下了眼泪。

加拿大队的教练员马克·克劳福德（Marc Crawford）也因为在点球大战中没有使用格雷茨基而声名狼藉。加拿大队后来在铜牌争夺赛中又输给了芬兰队。

（四）第七名：1979 年斯坦利杯半决赛（波士顿棕熊队 VS 蒙特利尔加拿大人队）

1979 年，斯坦利杯半决赛是北美职业冰球联赛历史上的一个标志性时刻。波士顿棕熊队（Boston Bruins）的教练员在"冰球之夜"比赛中犯了一个关键性错误，让蒙特利尔加拿大人队的盖伊·拉弗勒尔（Guy Lafleur）在半决赛第七场比赛中打进扳平比分的一球，这位教练员后来站在替补席上向全场鞠躬以示歉意。

波士顿棕熊队的切里（Cherry）在罚点球时，不小心撞到了冰面上的运动员，这为蒙特利尔加拿大人队的冰球运动员提供了有力的进攻机会，最终波士顿棕熊队输掉了比赛，无缘决赛。

（五）第六名：1975年新年前夜的平局赛（蒙特利尔加拿大人队 VS 红色军团队）

1975年，新年前夜的比赛被认为是冰球比赛历史上最伟大的比赛，或者至少是冰球比赛历史上最棒的平局比赛。传奇的 HC CKSA 莫斯科队（HC CKSA Moscow）［更广为人知的名字是红色军团队（The Red Army）］吸纳了来自苏联的一些明星，其中就包括来自北美职业冰球联盟的冰球运动员。在1972年的巅峰系列赛中输给加拿大队后，苏联队就一直蛰伏，准备寻找合适的机会东山再起。那个赛季的蒙特利尔加拿大人队可能是北美职业冰球联盟历史上最强的球队。在赛季80场比赛中，他们只输了11场，创造了127分的积分纪录。这也是超级巨星盖伊·拉弗勒尔（Guy Lafleur）的突破之年。在这场比赛中，蒙特利尔加拿大人队在场上完全控制了比赛节奏，以38∶13击败了红色军团队。后来，在苏联队守门员弗拉基斯拉夫·特雷蒂亚克（Vladislav Tretiak）精彩的表现之下，以及加拿大明星运动员肯·德莱顿（Ken Dryden）缺席的情况下，红色军团队才将比分扳平。

（六）第五名：1976年加拿大杯决赛（加拿大队 VS 捷克斯洛伐克队）

1976年，加拿大杯决赛可能是有史以来最梦幻的比赛。加拿大队所有参赛的运动员中，有16名运动员后来进入了冰球名人堂。从鲍比·奥尔（Bobby Orr）到鲍比·赫尔（Bobby Hull），众星云集。在比赛中，加拿大队的切里（Cherry）注意到捷克斯洛伐克队的守门员跳出球门，达里尔·西特勒（Darryl Sittler）随即做出射门假动作，守门员一个扑空，冰球转身就被推入空门。西特勒说，这是他职业生涯中最伟大的时刻。全加拿大人民都为此欢欣鼓舞。

（七）第四名：1987 年加拿大杯决赛（加拿大队 VS 苏联队）

1987 年，加拿大杯决赛盛况空前。加拿大队在决胜局第一阶段惨败后进行了反击，当比赛还剩不到 90 秒时，双方比分为 5：5 平，此时，加拿大队教练员迈克·基南（Mike Keenan）鼓励运动员们再接再厉，最终加拿大队赢得了比赛。

这场比赛之所以经典，也是因为这是唯一一次两名冰球超级巨星：韦恩·格雷茨基（Wayne Gretzky）和马里奥·勒米埃（Mario Lemieux）同台竞技的系列赛。

（八）第三名：2002 年冬奥会金牌争夺战（加拿大队 VS 美国队）

2002 年冬奥会金牌争夺战标志着美国队取代俄罗斯队，成为加拿大队最强的竞争对手。从这场比赛开始，两个北美邻国之间的冰上大战正式开启。在 2002 年盐湖城冬奥会冰球决赛中，加拿大队以 5：2 力克东道主美国队，获得本届冬奥会最后一枚金牌。加拿大队在第一节以 2：1 领先，在第二节中双方各入一球，第三节比赛加拿大连入两球，最终锁定胜局。

（九）第二名：冰上奇迹

冰上奇迹，这场比赛是真正意义上的奇迹。当时美国的球队由美国大学生冰球运动员组成，与当时参赛的苏联队没有任何可比之处，因为那时的苏联队是一支令人生畏的冰上力量。之前，在普莱西德湖（Lake Placid）举行的一场表演赛中，苏联队以 10：3 击败了美国队。这个比分真实地反映了两支球队之间存在的巨大差距。

但在正式比赛中，美国队却大获全胜，对美国人来说，没有什么能比得上这场比赛带来的震撼了。一群美国冰球业余运动员击败了当时的最强者，获得金牌。

（十）第一名：1972 年巅峰系列赛第八场（加拿大队 VS 苏联队）

20 世纪上半叶，在国际冰球赛事中加拿大队一直处于垄断地位。在第二次世界大战之后，苏联队迅速崛起，取代了加拿大队的垄断地位。那时奥运会等国际赛事只准许业余运动员参赛，而加拿大队最顶尖的运动员因为不是业余运动员而不能参赛，导致加拿大队在国际大赛中多番输给苏联队。1972 年，国际冰联批准了加拿大的申请，允许其使用国家地区职业运动员与苏联队进行共 8 场的系列赛。第一场比赛苏联队以 7∶3 的大比分取胜，第二场比赛加拿大队 4∶1 还以颜色，第三场比赛双方 4∶4 战平，随后双方各胜两场，系列赛被拖到第 8 场。1972 年 9 月 28 日，一场争夺世界冰球真正霸主的决赛正式开赛。前两节结束后，苏联队以 5∶3 领先，加拿大队却戏剧性地在最后一节攻入 2 球扳平比分。但奇迹还在后面，比赛还剩最后一分钟，加拿大队运动员保罗·亨德森（Paul Henderson）在比赛结束前 34 秒打入一球，最终加拿大队赢得了比赛的胜利。

随着巅峰系列赛加拿大队和苏联队打成平手，苏联队在最后一场比赛的最后一节以 5∶3 领先，当时的加拿大队马上就要陷入全民悲痛之中。但加拿大人凭借永不放弃的精神，将比分反超，最终取得了胜利。对于加拿大人来说，冰球远不止是一场比赛。

二、国际冰联明星运动员 / 教练员 [①]

国际冰球运动的最高殊荣是由国际冰联认可的"三冠王"称号。"三冠王"是指同时获得冬奥会金牌、冰球世锦赛金牌及北美职业冰球联盟斯坦利杯冠军的冰球运动员和教练员。国际冰联为这些运动员组建了"三冠王"俱乐部，以此来纪念他们的卓越表现。截至 2019 年，共有 29 名运动员获得"三冠王"称号，分别来自加拿大、瑞典、俄罗斯和捷克；一名教练员获得"三冠王"称号，来自加拿大。

"三冠王"俱乐部成员名单（按获"三冠王"称号的时间顺序排列）见附录三。

---

① IIHF. Triple gold club[EB/OL]. (2020-09-10)[2021-11-23]. https://www.iihf.com/en/static/5315/triple-gold-club.

第十章 中国冰球运动

一、中国冰球协会及主要职责①

中国冰球协会（Chinese Ice Hockey Association，CIHA，以下简称"中国冰协"）于 1981 年在北京成立，是全国性群众体育组织，也是中华全国体育总会的团体会员。其职能是：组织广大群众积极参加冰球运动，提高运动技术水平；组织举办国际性比赛，促进国际交流；组织全国性各级、各类冰球竞赛和训练工作；拟定管理制度、竞赛制度和运动员、教练员、裁判员技术等级制度；选拔和推荐国家队教练员、运动员，组织国家队集训和比赛；组织科学研究工作等。中国冰协于 1956 年加入国际冰联。中国冰协的主要职责包括以下几点。

（1）宣传普及冰球运动，组织广大群众和青少年积极参加冰球运动，增强体质和提高运动水平。

（2）根据国家体育行政主管部门和国际体育组织有关规定，负责协调、组织举办国际性比赛，向有关部门提出国际活动及有关事项的建议，获批准后负责全面实施。促进国际交流，增进与各国和地区的冰球协会的友谊。

（3）负责协调、组织全国性各级、各类冰球竞赛和训练工作，加强各地、市协会之间的联系与交流，增进冰球运动员、工作者之间的团结和友谊。

---

① 中国冰球协会．中国冰球协会章程 [EB/OL]．(2017-10-20)[2021-03-23]．http://icehockey. sport.org.cn/about/．

（4）拟定有关冰球教练员、运动员管理制度、竞赛制度，报请国家体育行政主管部门批准执行。

（5）负责协调、组织冰球教练员、裁判员、运动员的培训工作，制定冰球运动员、教练员、裁判员技术等级制度，负责运动员资格的审查和处理。

（6）根据国家体育行政管理部门和中华全国体育总会、中国奥委会规定选拔和推荐国家队教练员、运动员，负责组织国家队集训和参加冰球比赛。

（7）负责教练员出国任教的选派，运动员、裁判员出国比赛的选派和管理工作。

（8）负责协调和组织冰球运动的科学研究工作。

（9）开展与项目发展有关的经营活动，结合本项目业务，开展多种经营、积极创收创汇，为发展冰球事业筹集和积累资金。

二、中国冰球运动的发展

从改革开放初期的飞速发展、成就辉煌阶段，到 20 世纪 90 年代进入困顿低潮、艰难探索阶段，再到 2015 年以来奋起改革阶段，再到 2022 年参加北京冬奥会阶段，这 40 多年是中国冰球人顺应国家政策、不断探索改革的曲折历程。

我国冰球运动的发展大体可分为以下 3 个阶段。

（一）飞速发展阶段（1978—1995 年）

"文革"期间，我国体育事业发展停滞不前。冰球人在困境中紧紧抓住历史机遇，通过 1970 年的汇报表演唤起了人们对冰球运动的喜爱和关注，也赢得了国家对冰球项目的重视。1978 年，我国冰球运动率先进行了改革：邀请加拿大著名教练员伊乌斯·亨特（Eusebius Hanter）来华讲学和训练，使得中国冰球运动的技战术得到进一步的提高。1979 年，国家队在同德意志联邦共和国甲级队进行的两场比赛中，都取得了胜利。

1980 年 5 月，我国在北京首次承办了冰球世锦赛 C 组比赛，这也是该赛事首次在亚洲举办。中国队充分发扬顽强拼搏的精神，比赛场上展现了速度优势，先后击败丹麦、保加利亚、法国、匈牙利、英国等国家的球队，以 6 战 5 胜 1 负的成绩晋升 B 组。该赛事吸引了 22 万余名观众观看。他们高举五星红旗，打着"振兴中华""中国必胜""中国万岁""向中国冰球队致敬"的横幅标语为中国队加油。伴随着球队的胜利，冰球运动员顽强拼搏、为国争光的精神迅速传遍祖国大地，"团结起来，振兴中华"的口号响彻大江南北。《人民日报》号召全国学习中国冰球队发奋图强的革命志气、必胜的信心、顽强拼搏、团结协作的集体主义精神。

改革开放初期，国家特别重视冰球运动的发展。借助"举国体制"的制度优势，中国冰球运动获得许多政策与资金支持，得到快速发展。首先，在国家队方面，常设国家冰球队建制，不断探索国家冰球队管理新模式；进行全年常规化训练和比赛，通过"请进来"和"送出去"的方式加强教练员与运动员培训，利用国际冰球资源提高竞技水平。其次，在冰球管理机制方面，创立了全国冰球协会、全国冰球教练员委员会、全国冰球裁判员协会等职能机构，使全国各地的冰球运动在组织领导上得到加强。最后，依托地方政府、教育系统、行业协会等开展冰球运动，通过"三级训练网"的层级化冰球人才培养模式，极大地促进国内冰球运动的发展。

在这一阶段，我国竞技体育成绩稳步提升，冰球国际竞技水平稳定。在国际冰联举办的冰球世锦赛上，中国男子冰球队处于 B 组或 C 组的水平，中国女子冰球队则处于世锦赛第四或第五名的位置。在 1986 年和 1990 年亚洲冬季运动会（以下简称"亚冬会"）上，中国男子冰球队蝉联冠军，中国女子冰球队也曾夺得亚冬会冠军。国内开展冰球运动的地区虽然集中在东北三省（辽宁省、吉林省和黑龙江省），但是北京、山西、新疆、宁夏、河北、内蒙古等省（自治区、直辖市）都组建过冰球队。全国冰球联赛不仅有甲级和乙级联赛，一度还出现过丙级联赛；甲级联赛最多有 17 支地方球队参加，比赛异常激烈，场面火爆，观众场场爆满。许多城市的中学与大学的业余冰球校际比赛开展得非常普遍。据统计，这一阶段，中国冰上运动人数突破 100 万人，参与冰球运动的人数有近 10 万人，是中国冰球运动发展的黄金时期。

（二）困顿低潮阶段（1995—2015 年）

从 20 世纪 80 年代中期开始，由于体制改革以及"全运会战略"的考核机制，许多地方体育主管部门相继对竞技项目布局进行调整。与许多夏季项目、冬季项目（如短道速滑、花样滑冰、越野滑雪等）相比，冰球运动作为资金投入最大的集体项目，受到极大的冲击：解放军队、火车头体协队、牡丹江队等传统冰球强队相继解散，北京、山西、内蒙古、河北、新疆等省（自治区、直辖市）专业冰球队也相继解散。20世纪90年代中后期，随着我国东北三省经济逐步下滑，许多支持冰球运动的传统厂矿企业在经营中陷入困顿，受其影响，所支持的冰场与球队也急剧缩减，大众冰球运动发展失去依靠。

由于地方政府与单位削减对冰球队的经费支持，冰球联赛的市场化与产业化程度较低，无法为参赛球队带来足够的经济收入；现有冰球队面临经费不足、工资低、待遇差的困境，出现大量人才流失的现象。20世纪90年代中期，全国冰球甲级联赛只有4支球队（齐齐哈尔队、哈尔滨队、佳木斯队和吉林队）参加。1999年，吉林队解散后仅剩3支球队，全国冰球比赛变成黑龙江省内的比赛。全国只有哈尔滨市有专业女子冰球队，这支仅有30名编制的女子冰球队成为国家队的不二之选。

由于国内冰球队伍萎缩，参加联赛的球队数量少、水平低，运动员的竞技水平并没有质的突破。尽管做出参加亚洲职业冰球联赛、与北美职业冰球联盟鲨鱼队合作等尝试，但在国际冰球职业化快速发展的趋势下，无论是在冰球世锦赛上，还是在亚洲冰球联赛上，中国男子冰球队成绩都不容乐观，在亚洲已经被日本、韩国和哈萨克斯坦甩在后面。虽然中国女子冰球队在1994年第3届世界女子冰球锦标赛中获得第四名，在1996年第3届亚冬会上赢得冠军，在1998年日本长野冬奥会上获得第四名，但是随着国际女子冰球运动的不断发展，中国女子冰球队的世界排名仍有很大的提升空间。

在相关政策与资金支持力度不够的形势下，许多体校都解散了冰球队，后备人才梯队建设日益艰难。冰球联赛的电视转播权、门票、广告等产业无人问津。1999年，在北京举办的全国冰球联赛总决赛上，电视转播收视率只有0.1%。面对陷入困顿期的中国冰球，一些有冰球情怀的企业家，如美国华侨王嘉廉先生、香港企业家胡文新先生等人，依然在不同层面持续地支持冰球运动的发展。

（三）奋起改革阶段（2015年至今）

2013年，中国开始申办冬奥会，冰球运动开始被社会所关注。尤其是2015年北京申奥成功后，各级政府相继出台了一系列政策、投入大量资金推动冰雪运动的普及与提高。社会资本也应势而动，纷纷投资冰球相关产业。中国冰球协会紧紧抓住这一重大的战略机遇期，在国家体育总局党组的领导下奋起改革，推出了一系列的改革措施，具体如下。

1. 加强协会自身建设，稳步推进实体化、社会化改革

2017 年 6 月，中国冰球协会组建新的领导团队，以协会实体化、社会化改革为突破口，全面深化冰球管理体制改革。首先，协会按照"世界眼光、国际标准、高点定位、中国特色"的要求，开放吸纳优秀人才充实协会工作岗位，加强党的组织与思想建设、将冰球业务建设与思想建设相统一。其次，依照民政部对全国性社会团体组织的评估要求，借鉴国外冰球管理机构的制度经验，加快新章程的制定与内部各项管理规则的修订，为改革提供制度保障。再次，深入调研冰球运动的现状，从实际出发进行改革，为制定中国冰球发展战略规划奠定基础。最后，加强与冰球强国协会合作、学习国际体育组织管理经验，引入国际冰球专业人才，为协会建设提供支持。

2. "以备战促改革、以改革强备战"，为 2022 年北京冬奥会做好准备

首先，积极引入社会资本支持中国冰球运动的发展。在支持北京昆仑鸿星俱乐部成立并加入大陆冰球联赛后，进一步推动各地冰球主管机构与社会资本合作，相继成立了 4 家职业冰球俱乐部。其次，成立中国冰球运动学院，扩大备战人才基数，跨国合作建设海外基地，不断提高冰球技术水平。中国冰球协会联合北京体育大学成立中国冰球运动学院，进行定项与跨项选拔集训，同时在冰球强国瑞士、芬兰、捷克、俄罗斯和加拿大分别创建冰球训练基地。在此基础上，全国选拔 7 支队伍近 160 人分赴海外，利用国际高水平教练员团队、设施与赛事提高技战术水平。再次，开放举办全国冰球锦标赛，调动地方政府发展冰球运动。通过开放社会参赛方式组织 2018 年全国冰球锦标赛，动员国内 28 支球队共 840 名运动员报名参加，提高了地方政府发展冰球运动的积极性。最后，获得 2022 年北京冬奥会冰球比赛直通资格。在 2018 年 5 月，国际冰联以 47 票全票通过中国男女冰球队获得 2022 年北京冬奥会冰球项目参赛资格的决议。这一决议为中国冰球运动的发展提供了强大的精神动力。

3. 以青少年为中心大力推广群众冰球运动，推动三亿人参与冰雪运动

首先，积极推动各地方冰球利益相关者团结起来成立冰球协会，发展地方冰球运动。目前，三亚市、唐山市、杭州市、重庆市、太原市等 26 个地方冰球协会

相继成立。其次，借鉴国外青训体系开展冰球青训营，组织专家编写《青少年冰球运动等级标准》《奥林匹克教育——冰球运动》等书籍，翻译出版国际冰联的《冰球规则》《国际冰联世界锦标赛条例》《国际冰联场地建设指南》等资料，为中国冰球普及提供优质资源支撑。最后，统筹规划国内青少年冰球比赛，通过调动各类参赛主体加大对青少年冰球训练的投入，引导国内青少年冰球比赛步入正轨。

三、中国冰球运动的经验

1. 坚持党对中国冰球事业的领导，是保障中国冰球运动不断发展、服务于社会主义建设大局的核心要求

冰球运动既是我国体育事业的重要组成部分，也是 2022 年北京冬奥会、建设"体育强国"的重要内容。只有加强党对协会组织的坚强领导，才能获得正确的路线指引和强有力的政策支持，使得中国冰球运动的进步具备强大的动力支持。党的十八大以来，以习近平同志为核心的党中央高度重视体育工作，特别是北京冬奥会的筹备工作。2022 年北京冬奥会后，中国冰协进一步提高政治站位，不断增强责任感和使命感，在国家体育总局党组的领导下全力谋划和推动冰球运动的改革与发展，将冰球运动的普及与提高与国家和民族的命运密切关联，主动对接和服务于国家重大战略，为加快体育强国与健康中国建设做出新的贡献。

2. 坚持面向市场进行管理体制改革，是中国冰球运动发展的必由之路

20 世纪 90 年代，中国冰球事业出现滑坡，主要原因是政府投入减弱，冰球管理体制与赛事运作机制仍然依赖于政府行政手段，面向市场改革的力度不够，没能遵循市场规律去调动、配置各类冰球资源，进而导致 20 世纪 80 年代曾经火爆一时的全国甲级冰球联赛未能走向职业化道路，冰球产业无法得到有效发展。所以，我们应该遵循冰球运动的发展规律，坚持市场驱动、深化冰球管理体制改革、创新赛事运作机制，激发市场主体活力，促进中国冰球运动的不断发展。

3. 坚持开放共赢的理念吸引各类社会资源，是中国冰球运动发展的必要条件

在传统的模式下，中国冰球资源集中并依赖于政府的管理与配置，社会与市场多元主体参与不足，未能有效地获得各类社会资源以及国际冰球界的深度支持。20 世纪 90 年代，市场化改革深度展开，而中国的冰球发展之路却越走越窄，逐步陷入困顿低潮阶段。中国冰球要坚持开放共赢的理念，尊重和支持冰球发展多

元利益主体，让支持性的社会力量参与到青少年冰球运动发展、国内冰球联赛、国家队备战，乃至协会的管理和战略规划之中，做到事业共计、责任共担、成果共享，共同推动中国冰球运动的持续进步；同时，要"放眼世界学最好的别人"，加强与冰球强国之间的互动交流，深度学习国外冰球的先进经验与制度体系，通过汲取国际优势资源为我所用，"立足中国做最好的自己"。

4. 推动国家队管理、竞赛和训练体制创新，探索科学化的国家队运作模式，是推动中国冰球发展的强大引擎

国家冰球队代表着中国冰球人的整体精神风貌和最高竞技水平，起着引领带动冰球普及的标杆作用。为了有效地提升竞技实力，国家队建设应该不断增强开放性，从国家单一投入与组建体制，向国家和社会、市场多元参与、复合型的备战模式与管理体制转变，逐步完善优秀运动员、教练员及社会参与力量的激励和保障政策。以竞技能力为标准，做好国家集训运动员选拔工作，引进国际一流的冰球教练员团队与专业保障人员，建立科学训练、科技支持与康复医疗一体化的冰球备战体系。抓好反兴奋剂工作，不断探索高水平冰球竞技制胜规律，打造能征善战、作风优良的国家队。通过各类科学举措提高球队训练水平、狠抓常规训练，积极统筹组织运动员参加高水平赛事，快速提高竞技水平、提升运动成绩。

5. 从供给侧进行改革，以发展职业冰球联赛为核心建立国内冰球赛事体系，是中国冰球事业发展的重要基础

传统"举国体制"下的冰球运动员限于体制内身份，其竞技能力无法成为"商品"在市场上进行有效交换。我们应健全中国体育知识产权制度和完善要素市场化配置体制机制，探索适应中国国情和职业体育特点的职业运动员管理制度，推动社会力量与传统冰球人才培养单位的合作，借鉴国际冰球的成熟经验，发展国内职业冰球俱乐部，使之成为政企分开、管理科学的现代企业。明确政府、协会、职业俱乐部等冰球利益相关者之间的权、责、利关系，健全职业冰球的各类管理与监督制度，开展中国冰球职业联赛，提高联赛的竞技水平，从而促进中国冰球观赏性消费和参与性消费，带动优秀后备人才培养，建立起冰球产业的良性循环。此外，将传统冰球赛事向社会化、市场化方向改革，建立以职业联赛为中心的多元冰球竞赛体系，协调好国内职业冰球联赛与全运会、全国锦标赛、冰球世锦赛的关系，充分调动不同参与主体的积极性。

6. 加强以青少年为主体的大众冰球事业的普及推广，是中国冰球运动可持续发展的根本保障

20世纪90年代以来，以"传统三级训练网"为标志的"一条龙"人才培养系统衰退，冰球后备力量储备与竞技人才短缺，成为限制国家队竞技实力与发展职业冰球的核心问题。建立与市场经济相适应的冰球后备人才梯队，就需要重视并推广冰球运动的教育价值，鼓励、支持、引导社会冰球培训机构的规范、健康发展，使之参与到冰球竞技人才的培养中来；联合教育部门与社会冰球机构推广校园冰球，助力"体教融合"深度发展，拓展"北冰南展西扩东进"，逐步完善国内青少年冰球赛事体系与冰球青训教练员的教育体系。尤为重要的是，援引海外资源与社会力量支持国内知名大学创办冰球队，开展名校冰球联赛，实现冰球人才的高质量培养，避免发生冰球后备人才因优质教育通道梗阻而放弃冰球的现象。此外，还要积极鼓励各地方成立冰球协会，发展业余冰球赛事，鼓励广大市民积极参与冰球运动，逐步打造规范化的业余冰球赛事体系，悉心培育大众冰球市场，为冰球产业的发展奠定基础。

7. 重视冰球长期战略规划，协调好"举国体制"与职业体育的关系，是中国冰球运动发展的战略重点

"举国体制"以追求国家荣誉为宗旨，职业体育以追求最大化盈利为目标，但二者目标的实现，均基于运动员群体竞技水平的极大提高。习近平总书记提出，既要更好地发挥"举国体制"在攀登顶峰中的重要作用，也要充分发挥市场机制和社会力量的作用。为了发展中国冰球事业，应处理好"举国体制"与市场机制的辩证关系，在发挥"举国体制"的制度优势的同时，按照市场规律去配置各类冰球资源，在冰球组织与赛事管理的制度化与法治规范化等方面做好保障。除此之外，还要调动冰球发展的利益相关群体，集思广益、科学规划中国冰球长期发展战略，并持续有效贯彻执行。

8. 深化中国冰球协会的实体化、社会化改革，提高科学化服务管理水平，是中国冰球运动健康可持续发展的组织保障

在当前中国体育战线全面深化改革、建设体育强国的背景下，中国冰协要勇于探索、敢于制度创新，通过科学的顶层设计，形成政府、社会、市场多元主体参与的管理体制和运行机制，建立与完善各类冰球相关的规章制度，发挥中国冰

协的行业服务管理职能，营造各类市场主体公平有序竞争的发展环境，协调好政府与市场两种力量、利用好国内国际两类资源，努力推进中国冰球运动的全面、健康、可持续发展。因此，我们要继续深入推进实体化、社会化改革进程，完善协会的各类规章制度体系与岗位设置，多元化吸引优秀人才与筹措资金，提高对人、财、物、事的科学化管理水平，同步推进各省（自治区、直辖市）单项协会实体化改革进程，确保全国上下一盘棋，共同促进冰球运动的发展。

第十一章　国际冰球运动竞赛规则

一、冰球运动及竞赛规则的演变

冰球（Ice Hockey）是指一种在冰场上进行的团体项目，两队冰球运动员使用球杆，将冰球射入对方的球门中以获得分数。众所周知，冰球是一项快节奏的体育运动，每支球队通常由 6 名运动员组成：1 名守门员和 5 名冰上运动员。

冰球是加拿大、俄罗斯、美国、白俄罗斯、克罗地亚、捷克、芬兰、拉脱维亚、斯洛伐克、瑞典、瑞士等国家比较受欢迎的冬季运动。北美职业冰球联赛是世界男子冰球最高级别的职业联赛。大陆冰球联赛是东欧国家最高级别的联赛。

在加拿大、美国、北欧国家和其他一些欧洲国家，这项运动被简称为 Hockey（没有了 ice），而 Hockey 的中文翻译其实是"曲棍球"。这里的曲棍球是指陆地曲棍球比赛，在南美洲、亚洲、非洲以及英国、爱尔兰、荷兰在内的一些欧洲国家更受欢迎。

现代冰球运动起源于加拿大，在蒙特利尔冰球运动人气尤甚。1875 年 3 月 3 日，在蒙特利尔举办了第一场室内冰球比赛。当时比赛的一些特点，如冰场的长度和冰球的使用规则一直保留至今。业余冰球联赛始于 19 世纪 80 年代，职业冰球联赛始于 1900 年左右。在 20 世纪初期，加拿大的比赛规则被国际冰联的前身——国际曲棍球联盟采用。1920 年，冰球运动在冬奥会期间首次亮相。斯坦利杯是冰球俱乐部的至上象征，于 1893 年首次颁发，以表彰加拿大的业余冠军，后来成为北美职业冰球联赛的冠军奖杯。

冰球世界杯由国际冰联成员协会和北美职业冰球联盟运动员协会组织，这不同于一年一度的冰球世锦赛和四年一度的冬奥会冰球比赛，而这二者均由国际冰联运营。冰球世界杯比赛是根据北美职业冰球联赛规则而非国际冰联的规则进行的，比赛在北美职业冰球联赛季前赛之前进行，允许所有北美职业冰球联盟运动员参加。这一点与冰球世锦赛不同，冰球世锦赛与北美职业冰球联盟的斯坦利杯季后赛时间重叠，因此在冰球世锦赛上很难看到北美职业冰球联盟运动员的身影。加拿大队和美国队包揽了这两项比赛的所有金牌。

冰球运动员在冰上竞技

二、冰球运动竞赛规则

（一）比赛场地

国际冰联世锦赛，场地标准尺寸必须是长 60 米，宽 30 米。冰面上有 5 条分界线：死球线、蓝线、中区红线、蓝线和死球线。这 5 条线横贯整个冰场并垂直延伸到边线界墙的护台上。中间的 3 条线把冰场标示为 3 个区：守区、中区和攻区。每个区域这样划分：死球线到蓝线，蓝线到蓝线，蓝线到死球线，从每条线的中间作测量。中区红线均等划分冰场长度。中区红线必须是宽 30 厘米，延长至防踢板和界墙的整个高度直到护台上。2 条死球线必须从冰场两端区的界墙水平面（即不是弯曲部位）的中间开始计，距 4 米处标示，必须是 5 厘米宽。蓝线必须从冰场两端区界墙水平面中间开始计，距 22.86 米。蓝线宽 30 厘米，延长至防踢板和界墙上。室外冰场，所有线的宽度均为 5 厘米。

（二）运动员和装备

根据《国际冰球联合会裁判规则手册（2014—2018）》规定，比赛中允许每队最多 20 名队员和 2 名守门员上场参赛。比赛期间，至少派出 5 名队员和 1 名守门员上场，其余作为替补队员，可根据比赛需要随时换人。比赛中任何时候每队场上只允许有 1 名守门员。该守门员可以离场被 1 名队员替换，但不允许该替换队员按照守门员规则打球，尤其关于装备、封锁球以及与对方身体接触方面。

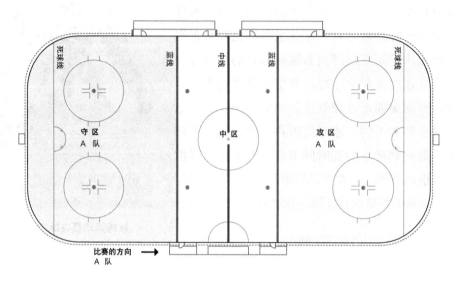

冰球比赛场地示意图

所有队员必须有队员球杆和队员冰刀，并且穿戴全套装备，以便有资格参加比赛。全套装备包括球杆、冰刀、护具和队服。除了手套、头盔、冰刀和守门员护腿外，其他所有护具必须完全穿在队服里。装备必须符合安全标准并且只用于保护球员，不能用于增强或提高比赛能力或对对方造成伤害。队员赛前热身期间必须穿戴全套装备，包括头盔。

冰球必须主要为黑色，并且由硬橡胶或其他经国际冰联批准的材料制成。冰球的尺寸必须为直径 7.62 厘米，厚度 2.54 厘米。冰球必须重 156 ～ 170 克。印在冰球上的会标、商标和广告在冰球每一面上的面积不能超过直径 4.5 厘米，或不超过冰球每一面面积的 35%。它们可以同时印在冰球的两面上。

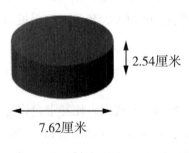

2.54厘米

7.62厘米

冰球

（三）进球得分

比赛中，当某队将球射或导入球门，并且

球完全越过球门线，进球得分。

（1）如果球被进攻队员明显地踢入球门，射中无效。

（2）明显的踢的动作是冰刀沿冰面移动或摆动的动作，以此动作使球进入球门。

（3）如果进攻队员踢球，球被守门员救挡之后，再被该队员或队友射进球门，进球有效。

（4）如果进攻队员踢球，球直接从守门员身上或他的护具上，或任何队员身上弹入球门，进球无效。

（5）如果进攻队员以任何方式转动冰刀试图使球弹到冰刀上，并且弹入球门，如果没有明显踢的动作，进球有效。

（6）如果进攻队员试图将球踢到球杆上，但是在球被踢入球门前未能用球杆接住球，进球无效，因为是明显踢的动作使球进入球门。

（7）如果进攻队员与对方队员挤贴在一起，在此期间，当他试图保持平衡时，他用明显踢的动作使球进入球门，进球无效。明显的踢的动作是唯一的标准，而不是与对方队员的挤贴。

（8）如果球在进攻队员的球杆上，他踢球杆，使球进入球门，进球无效。

（四）赢得比赛

当60分钟常规赛时间结束后比分为平局时，第三局比赛之后进行加时赛，加时赛时长可以为5分钟、10分钟或20分钟。每种情况下都采用突然死亡法（进球致胜）。射门比赛每队进行3轮射门（如果需要），如果3轮射门后是平局，进行突然死亡法射门比赛。

（五）犯规动作及处罚

每局比赛从中心争球点争球开始，且总是以场内裁判员执行争球开始。其他情况，每次比赛以在冰面标出的9个争球点之一争球开始。

球员可以使用身体接触来赢得对手的冰球，也可以使用身体冲撞，但不允许在背部或肩部以上的高度进行身体冲撞。

冰球运动员在比赛中射门

1. 小罚

小罚时间为 2 分钟的比赛时间，受罚队员必须受满。这名受罚队员不允许代替上场。如果对方多打少期间射中得分，视为第一个小罚结束，受罚队员可以返回场内。如果某队在多打少期间，任意球射中得分，受罚队员不能返回场内。

2. 大罚

大罚由 5 分钟的比赛时间加自动严重违例构成。5 分钟内这名受罚队员不允许代替上场。受罚队员必须去更衣室，由教练员通过队长指派一名队友替他受罚。期间无论对方进多少个球，这名队员必须受罚满 5 分钟。一旦 5 分钟结束，允许替换队员执行严重违例的判罚。赛后由专门权力机构自动执行对大罚的重审。

3. 小罚和大罚

当某队员同时被判一个小罚和一个大罚（和自动严重违例）时，先受大罚，然后再开始小罚。被判罚队员必须去更衣室，由教练员通过队长指派一名队员替他受罚。当同队的两个队员同时分别被判一个小罚和一个大罚，该队已经人数缺少时，应先受小罚，大罚的受罚时间要等到该队第一个受罚时间结束才开始。被判大罚的队员必须回更衣室，由教练员通过队长指派一名队员替他受罚。

附录一 冰球场地示意图

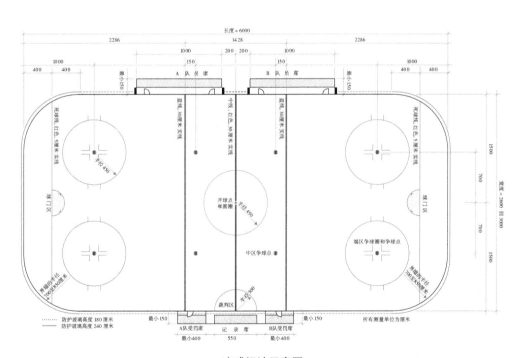

冰球场地示意图

附录二　国际冰球联合会成员

国际冰联的 84 个成员共分为 3 个等级：正式成员，每年参加国际冰联的赛事，并拥有独立的国家 / 地区冰球协会；准成员，可以选择是否参加国际冰联的赛事，但是没有独立的国家 / 地区冰球协会；附属成员，只能参加国际冰联的线上活动。只有正式成员才有国际冰联的投票权。

附表 2-1　国际冰联正式成员名单

入会时间	国家 / 地区
1908 年 10 月 20 日	法国
1908 年 11 月 15 日	波希米亚（1920 年改为捷克斯洛伐克）
1908 年 11 月 19 日	英国
1908 年 11 月 23 日	瑞士
1908 年 12 月 8 日	比利时
1909 年 9 月 19 日	德国
1912 年（具体日期不详）	奥地利，瑞典，卢森堡
1920 年 4 月 26 日	加拿大，美国
1923 年 3 月 10 日	西班牙
1924 年 1 月 24 日	意大利，罗马尼亚
1926 年 1 月 11 日	波兰
1927 年 1 月 24 日	匈牙利
1928 年 2 月 10 日	芬兰
1930 年 1 月 26 日	日本
1931 年 2 月 22 日	拉脱维亚

续表

入会时间	国家 / 地区
1935 年（具体日期不详）	荷兰，挪威，爱沙尼亚
1937 年 2 月 25 日	南非
1938 年（具体日期不详）	澳大利亚，立陶宛
1939 年 1 月 1 日	南斯拉夫（塞尔维亚）
1946 年 4 月 27 日	丹麦
1952 年 4 月 1 日	苏联（俄罗斯）
1956 年（具体日期不详）	中国
1960 年 7 月 25 日	保加利亚，韩国
1963 年 8 月 8 日	朝鲜
1977 年 5 月 2 日	新西兰
1983 年（具体日期不详）	中国香港，中国台北
1985 年 4 月 30 日	墨西哥
1989 年 4 月 27 日	印度，泰国
1991 年 5 月 1 日	以色列，土耳其
1992 年 5 月 6 日	阿塞拜疆，白俄罗斯，克罗地亚，冰岛，哈萨克斯坦，斯洛文尼亚，乌克兰
1993 年 2 月 2 日	斯洛伐克
1996 年（具体日期不详）	爱尔兰，新加坡
1999 年 5 月 15 日	蒙古国
2001 年（具体日期不详）	波斯尼亚和黑塞哥维那，阿拉伯联合酋长国
2006 年 9 月 28 日	马来西亚
2009 年 5 月 8 日	科威特，格鲁吉亚
2011 年 5 月 14 日	吉尔吉斯斯坦
2015 年 5 月 15 日	土库曼斯坦
2016 年 5 月 20 日	菲律宾
2019 年 9 月 26 日	伊朗

附表 2-2　国际冰联准成员和附属成员名单

入会时间	国家 / 地区
1984 年 6 月 26 日	巴西（于 1998 年国际冰联除名，并重新授予准成员身份）
1987 年 4 月 29 日	希腊（准成员）
1995 年 5 月 4 日	安道尔（准成员）
1998 年 5 月 31 日	阿根廷（准成员）
1999 年(具体日期不详)	葡萄牙（准成员），亚美尼亚（准成员），智利（附属成员）
2001 年 10 月 4 日	列支敦士登（准成员），北马其顿（准成员）
2005 年 5 月 12 日	中国澳门（准成员）
2010 年 5 月 22 日	摩洛哥（准成员）
2012 年 5 月 18 日	牙买加（准成员），卡塔尔（准成员）
2014 年 5 月 24 日	阿曼（准成员）
2016 年 5 月 20 日	印度尼西亚（准成员），尼泊尔（准成员）
2019 年 9 月 26 日	阿尔及利亚（准成员），哥伦比亚（准成员），黎巴嫩（准成员），乌兹别克斯坦（准成员）
2021 年 9 月 22 日	突尼斯（准成员）
2022 年 9 月 29 日	波多黎各（准成员）
2024 年 9 月 28 日	肯尼亚（准成员），巴林（准成员）

附录三　国际冰球联合会明星运动员 / 教练员^①

附表 3-1　"三冠王"俱乐部成员名单

序号	姓名	国籍	比赛成绩
1	托马斯·约翰逊 （Tomas Jonsson）	瑞典	1982 年和 1983 年获斯坦利杯； 1991 年获得男子冰球世锦赛金牌； 1994 年获得冬奥会冰球比赛金牌； 1994 年 2 月 27 日获得"三冠王"殊荣
2	马茨·纳斯伦德 （Mats Naslund）	瑞典	1986 年获得斯坦利杯； 1991 年获得男子冰球世锦赛金牌； 1994 年获得冬奥会冰球比赛金牌； 1994 年 2 月 27 日获得"三冠王"殊荣
3	汉肯·卢布 （Hakan Loob）	瑞典	1987 年和 1991 年获得男子冰联世锦赛金牌； 1989 年获斯坦利杯； 1994 年获得冬奥会冰球比赛金牌； 1994 年 2 月 27 日获得"三冠王"殊荣
4	瓦列里·卡门斯基 （Valeri Kamenski）	苏联 （俄罗斯）	1986 年、1989 年和 1990 年获得男子冰球世锦赛金牌； 1988 年获得冬奥会冰球比赛金牌； 1996 年获斯坦利杯； 1996 年 6 月 10 日获得"三冠王"殊荣

---

① IIHF. Triple gold club[EB/OL]. (2020-09-24)[2021-07-09]. https://www.iihf.com/en/static/5315/triple-gold-club.

序号	姓名	国籍	比赛成绩
5	阿列克谢·古萨罗夫 （Alexei Gusarov）	苏联 （俄罗斯）	1986年、1989年和1990年获得男子冰球世锦赛金牌； 1988年获得冬奥会冰球比赛金牌； 1996年获斯坦利杯； 1996年6月10日获得"三冠王"殊荣
6	彼得·佛斯博格 （Peter Forsberg）	瑞典	1992年和1998年获得男子冰球世锦赛金牌； 1994年和2006年获得冬奥会冰球比赛金牌； 1996年和2001年获斯坦利杯； 1996年6月10日获得"三冠王"殊荣
7	维亚切斯拉夫·法提索夫 （Vyacheslav Fetisov）	苏联 （俄罗斯）	1978年、1981年、1982年、1983年、1986年、1989年和1990年获得男子冰球世锦赛金牌； 1984年和1988年获得冬奥会冰球比赛金牌； 1997年和1998年获斯坦利杯； 1997年6月7日获得"三冠王"殊荣
8	伊戈尔·拉里奥诺夫 （Igor Larionov）	苏联 （俄罗斯）	1982年、1983年、1986年和1989年获得男子冰球世锦赛金牌； 1984年和1988年获得冬奥会冰球比赛金牌； 1997年、1998年和2002年获斯坦利杯； 1997年6月7日获得"三冠王"殊荣
9	亚历山大·莫吉里尼 （Alexander Mogilny）	苏联 （俄罗斯）	1988年获得冬奥会冰球比赛金牌； 1989年获得男子冰球世锦赛金牌； 2000年获斯坦利杯； 2000年6月10日获得"三冠王"殊荣
10	弗拉基米尔·马拉霍夫 （Vladimir Malakhov）	苏联 （俄罗斯）	1990年获得男子冰球世锦赛金牌； 1992年获得冬奥会冰球比赛金牌； 2000年获斯坦利杯； 2000年6月10日获得"三冠王"殊荣
11	罗伯·布雷克 （Rob Blake）	加拿大	1994年和1997年获得男子冰球世锦赛金牌； 2001年获斯坦利杯； 2002年获得冬奥会冰球比赛金牌； 2002年2月24日获得"三冠王"殊荣
12	乔·萨基奇 （Joe Sakic）	加拿大	1994年获得男子冰球世锦赛金牌； 1996年和2001年获斯坦利杯； 2002年获得冬奥会冰球比赛金牌； 2002年2月24日获得"三冠王"殊荣

续表

序号	姓名	国籍	比赛成绩
13	布兰登·沙纳汉 （Brendan Shanahan）	加拿大	1994 年获得男子冰球世锦赛金牌； 1997 年、1998 年和 2002 年获斯坦利杯； 2002 年获得冬奥会冰球比赛金牌； 2002 年 2 月 24 日获得"三冠王"殊荣
14	斯科特·尼德迈耶 （Scott Niedermayer）	加拿大	1995 年、2000 年、2003 年和 2007 年获斯坦利杯； 2002 年和 2010 年获得冬奥会冰球比赛金牌； 2004 年获得男子冰球世锦赛金牌； 2004 年 5 月 9 日获得"三冠王"殊荣
15	亚罗米尔·雅格 （Jaromir Jagr）	捷克	1991 年和 1992 年获斯坦利杯； 1998 年获得冬奥会冰球比赛金牌； 2005 年和 2010 年获得男子冰球世锦赛金牌； 2005 年 5 月 15 日获得"三冠王"殊荣
16	吉瑞·斯勒戈 （Jiri Slegr）	捷克	1998 年获得冬奥会冰球比赛金牌； 2002 年获斯坦利杯； 2005 年获得男子冰球世锦赛金牌； 2005 年 5 月 15 日获得"三冠王"殊荣
17	尼克拉斯·林斯特荣 （Nicklas Lidstrom）	瑞典	1991 年获得男子冰球世锦赛金牌； 1997 年、1998 年、2002 年和 2008 年获斯坦利杯； 2006 年获得冬奥会冰球比赛金牌； 2006 年 2 月 26 日获得"三冠王"殊荣
18	费德里科·莫丁 （Fredrik Modin）	瑞典	1998 年获得男子冰球世锦赛金牌； 2004 年获斯坦利杯； 2006 年获得冬奥会冰球比赛金牌； 2006 年 2 月 26 日获得"三冠王"殊荣
19	克里斯·普隆杰 （Chris Pronger）	加拿大	1997 年获得男子冰球世锦赛金牌； 2002 年和 2010 年获得冬奥会冰球比赛金牌； 2007 年获斯坦利杯； 2007 年 6 月 6 日获得"三冠王"殊荣
20	尼克拉斯·克隆瓦尔 （Niklas Kronwall）	瑞典	2006 年获得冬奥会冰球比赛金牌； 2006 年获得男子冰球世锦赛金牌； 2008 年获斯坦利杯； 2008 年 6 月 4 日获得"三冠王"殊荣
21	亨里克·泽特伯格 （Henrik Zetterberg）	瑞典	2006 年获得冬奥会冰球比赛金牌； 2006 年获得男子冰球世锦赛金牌； 2008 年获斯坦利杯； 2008 年 6 月 4 日获得"三冠王"殊荣

序号	姓名	国籍	比赛成绩
22	麦克·萨米尔森 （Mikael Samuelsson）	瑞典	2006 年获得冬奥会冰球比赛金牌； 2006 年获得男子冰球世锦赛金牌； 2008 年获斯坦利杯； 2008 年 6 月 4 日获得"三冠王"殊荣
23	埃里克·斯塔尔 （Eric Staal）	加拿大	2006 年获斯坦利杯； 2007 年获得男子冰球世锦赛金牌； 2010 年获得冬奥会冰球比赛金牌； 2010 年 2 月 28 日获得"三冠王"殊荣
24	乔纳森·泰福斯 （Jonathan Toews）	加拿大	2007 年获得男子冰球世锦赛金牌； 2010 年和 2014 年获得冬奥会冰球比赛金牌； 2010 年、2013 年和 2015 年获斯坦利杯； 2010 年 6 月 9 日获得"三冠王"殊荣
25	帕特里斯·伯杰龙 （Patrice Bergeron）	加拿大	2004 年获得男子冰球世锦赛金牌； 2010 年和 2014 年获得冬奥会冰球比赛金牌； 2011 年获斯坦利杯； 2011 年 6 月 15 日获得"三冠王"殊荣
26	西德尼·克罗斯比 （Sidney Crosby）	加拿大	2009 年、2016 年和 2017 年获斯坦利杯； 2010 年和 2014 年获得冬奥会冰球比赛金牌； 2015 年获得男子冰球世锦赛金牌； 2015 年 5 月 17 日获得"三冠王"殊荣
27	科里·佩里 （Corey Perry）	加拿大	2007 年获斯坦利杯； 2010 年和 2014 年获得冬奥会冰球比赛金牌； 2016 年获得男子冰球世锦赛金牌； 2016 年 5 月 22 日获得"三冠王"殊荣
28	巴维尔·达丘克 （Pavel Datsyuk）	俄罗斯	2002 年和 2008 年获斯坦利杯； 2012 年获得男子冰球世锦赛金牌； 2018 年获得冬奥会冰球比赛金牌； 2018 年 2 月 25 日获得"三冠王"殊荣
29	杰伊·布曼斯特 （Jay Bouwmeester）	加拿大	2019 年获斯坦利杯； 2003 年和 2004 年获得男子冰球世锦赛金牌； 2014 年获得冬奥会冰球比赛金牌； 2019 年 6 月 12 日获得"三冠王"殊荣
30	麦克·巴布科克 （Mike Babcock）—教练员	加拿大	2004 年获得男子冰球世锦赛金牌； 2008 年获斯坦利杯； 2010 年和 2014 年获得冬奥会冰球比赛金牌； 2010 年 2 月 28 日获得"三冠王"殊荣